수업달인들이 사용하는
수업몰입활동121

수업달인들이 사용하는
수업몰입활동121

CLASSROOM ACTIVATORS, 2nd ED

제리 에반스키 지음
교육을바꾸는사람들 옮김

교육을바꾸는사람들 부설
MBE 한국뇌기반교육연구소

목차

1장 수업을 살리는 교실환경 만드는 법

2장 집중력을 높여주는 수업활동

활동 한눈에 찾아보기

장(chapter)	종류(kind)	활동(activities)
2장 집중력을 높여주는 수업활동	6 좌우교차 활동	눈과 코 교차하기
		엄지와 검지 교차하기
		귀 바꿔 잡기
		몸으로 꽈배기 만들기
		제자리 행진
		사다리 올라가기
		눈 돌리기
	7 수업을 도와주는 대근육운동	의자 이용해 운동하기
		벽에 대고 스트레칭 하기
	8 새롭고 신선한 신체활동	의자 서핑
		손발 따로 움직이기
		눈썹올림픽
		신체 부위로 이름쓰기
		표정퀴즈
3장 활력을 불어넣는 수업활동	1 재미있게 모둠 만들기	역할놀이로 모둠 만들기
		좋아하는 대상으로 모둠 만들기
	2 깜짝 모둠 만들기	침묵의 줄 서기
		좋아하는 것을 찾아 움직이기
	3 학생들을 자리에서 일으키자	삼각 꼬리잡기
		오케스트라 지휘하기
		경호원과 비밀요원
	4 원형게임	잡고 잡히는 손가락놀이
		눈치게임
		원 모양 유지하기
		판토마임 이어받기
		버즈피즈게임
		전기게임
		범블비게임
		전달게임
	5 침묵의 힘	생각시간 갖기
		음성 소거시간 갖기
	6 글씨쓰기 수업 전에 할 수 있는 활동	손가락 팔굽혀펴기
		토끼 귀 만들기
		지붕 들어올리기
	7 혈류를 조절하는 다리운동	종아리 펌프운동
		일어나서 하는 '도전 골든벨'
		스트레칭
		제자리에서 뛰기
	8 학습과 건강을 모두 잡는 대근육운동	보디빌더 따라하기
		핸드 자이브
		음악에 맞춰 걷기
		손바닥 펴고 주먹 쥐고
		한 발로 서기

활동 한눈에 찾아보기

장(chapter)	종류(kind)	활동(activities)
3장 활력을 불어넣는 수업활동	9 시각훈련으로 학습장애 문턱넘기	불가사리와 문어
		도약안구운동
		시각고정 트레이닝
		주변 시야 트레이닝
		돌고 돌고 돌고
		자주 쓰는 눈 알기
		거리지각능력 확인하기
		눈에 휴식시간 주기
	10 작은 소품의 힘	훌라후프 전달하기
		탱탱볼 토크박스
		탱탱볼 브레인스토밍
		침묵 스피드퀴즈
		풍선 지키기
		끈으로 도형 만들기
4장 학습에너지를 높여주는 모둠활동	1 관계 발전시키기	재미있는 악수법
		과학수사대 되기
		감 · 배 · 약 이야기
		참여형 질문
		잊을 수 없는 자기소개
		특별한 순간 나누기
		두 가지 진실과 한 가지 거짓말
		계속 움직이기
		초능력을 갖게 된다면
	2 최신 매체 이용하기	마음에 드는 명언 찾기
		내 SNS에 있는 것은
		내가 고른 웹사이트
	3 몸과 마음을 모으는 모둠활동	종이보드게임
		발로 페이지 넘기기
		마음으로 눈 맞추기
		유목민이 사는 집
		힘 모아 풀기
		임무수행 보고하기
		목록 채우기
	4 즐거움 자체가 목적인 활동	신나는 음악 틀고 춤추기
		장기자랑
		간단한 마술① - 사라지는 다리
		간단한 마술② - 줄어드는 팔
		수건으로 통닭 만들기
		예술작품 뽐내기

01

왜 요즘 아이들은
수업받기를 어려워할까?

　뇌와 관련된 연구는 오래전부터 있어왔지만 오늘날 쏟아져 나오는 연구결과들은 교육자들에게 특히 큰 파장을 불러일으키고 있다. 그것은 최근이 되어서야 비로소 인간의 뇌활동 실제를 관찰할 수 있게 되었으며 이와 동시에 뇌가 어떤 환경에서 가장 잘 학습하고 기억할 수 있는지에 대한 양질의 자료가 방대하게 축적되기 시작하였기 때문이다. 즉 교육자들은 교수법을 결정할 때 지금까지처럼 개인적인 교육철학이나 경험만을 바탕으로 하는 것이 아니라 객관적인 데이터를 이용하여 보다 과학적으로 판단할 수 있게 되었다. 이 책에서는 신경과학(neuroscience)과 관련된 최신 연구결과들을 소개하고 그 연구결과들을 교실에 적용하는 방법을 풍성하게 제시해보려고 한다.

학습의 조건

뇌에 관한 연구들은 대부분 교육과 직접적이라기보다 간접적으로 연관되어 있다. 또한 신경세포에 대한 연구와 교육분야 사이에는 큰 간극이 있는 것이 사실이기 때문에 한쪽의 연구결과를 다른 쪽에 적용하는 일은 매우 신중히 이루어져야 한다. 뇌연구는 신경체계를 전체적으로 다루는 수준에서부터 각각의 신경세포, 세포막, 시냅스와 같은 세밀한 단위를 자세히 다루는 수준까지 광범위하게 진행되는데, 뇌의 미세한 부분을 연구한 결과를 가지고 초등학교 1학년 국어수업이나 고등학교 1학년 화학수업에 적용하려 한다면 세심한 주의를 기울여 그 논리적 간극을 숙고해야 한다는 말이다.

그럼에도 교육자들은 세심한 주의를 기울여서라도 뇌에 관한 연구결과를 실제 교육현장에서 활용해볼 필요가 있다. 교육적으로 유의미하고 흥미로운 많은 연구보고서들을 인터넷으로 쉽게 구할 수 있는 시대를 살고 있는 우리 교육자들에게는 교실에서 현장연구(action research)를 진행함으로써 '신경세포 연구'라는 학문영역을 현장적이고 실천적인 학문으로 끌어당기는 담대함이 필요하다. 그러한 노력의 결과물이 바로 이 책이다.

학습의 첫 번째 단계는 학생들의 머릿속에 정보를 집어넣는 것, 즉 '학습내용 입력하기'이다. 그동안 다양한 연구가 진행되면서 학생들의 머릿속에 정보를 입력하는 최선의 방법이 어떤 것인지 윤곽이 드러났다. 그중 하나는 정보를 학입력하기 이전에 학습자의 주의가 집중되어 있지 않다면 어떤 내용도 머릿속에 제대로 입력되기 어렵다는 것이다. 그러므로 교사가 외부에서 입력되는 정보를 학습자의 뇌에 저장시키기 위해서는 주의를 끄는 것이 필요하다. 우선 수업내용이 뇌 안으로 전달되어 정보처리 과정을 거치지 못한다면, 그 입력정보는 장기기억으로 전환될 가능성조차 없기 때문이다.

따라서 교육자들이 가장 관심을 가져야 할 사안은 바로 '학생들이 얼마나 오랫동안 주의를 집중할 수 있는가?'이다. 이 시간은 하루 중 언제 학습이 이루어지는지, 학습하는 주제에 대해 학생들의 관심은 어느 정도인지, 교사의 열정과 전문성은 어느 정도인지, 학생들의 감정이나 공복감 등은 어떤 상태인지와 같은 다양한 요인의 영향으로 짧아지기도 하며 길어지기도 한다(Burns, 1985; Johnstone & Percival, 1976). 또한 집중하는 능력은 어려서부터 TV에 얼마나 장시간 노출되어 왔는지와 같은 환경적 요인들에 의해 복합적으로 영향을 받는다(Christakis, Zimmerman, DiGiuseppe, & McCarty, 2004). 예전에 비해 오늘날의 학생들이 집중할 수 있는 시간은 길까 짧을까? 답은 명확하다. 오늘날 학생들의 집중시간은 예전에 비해 분명히 짧아졌다. 그리고 집중시간의 길이는 교사들이 원하는 수준에 전혀 미치지 못한다.

요즘 아이들의 뇌는 예전과 다르다

왜 요즘 아이들은 과거의 아이들만큼 집중하지 못하는 것일까? 요즘 아이들 뇌의 구조가 30년 전 아이들과 다른 것은 아니다. 오늘날 아이들의 뇌 역시 신경세포(neuron)와 교세포(glial cell)로 구성되어 있고 전두엽, 두정엽, 후두엽, 측두엽이라는 4개의 엽으로 이루어져 있으며 환경과 상호작용하면서 변화한다. 물리적인 면에 있어서 오늘날 학생들의 뇌가 30년 전 학생들의 뇌와 구조면에서 동일함에도 불구하고 집중력을 유지하는 시간의 길이가 달라진 이유는 무엇일까? 그것은 바로 학생들의 뇌 구성에 영향을 주는 환경이 근본적으로 달라졌기 때문이다.

이를 자동차에 비유하면 이해가 쉬울 것이다. 1960년대의 자동차는 미등, 핸들, 브레이크 등이 있다는 점에서 오늘날의 자동차와 다르지 않다. 그러나 시대의 변화, 기술의 변화, 생활양식의 변화에 따라 자동차의 부품들이 구성되는 방식은 예전과 달라졌다.

오늘날 학생들의 뇌는 20-30년 전과 다른 환경 속에서 구성되었다. 결과적으로 세포들을 연결하는 회로 자체가 20-30년 전과 근본적으로 다르게 형성된 것이다. 추측하건대 지금으로부터 20-30년이 지나면 뇌세포 연결회로의 모습은 지금과는 또 다를 것이다. 이런 주장이 강하게 제기될 수 있는 이유는 무엇이며, 이와 관련해서 교육자들은 어떻게 대응해야 할까? 답은 인간의 뇌에 관한 놀라운 연구들 안에 숨어있다.

1960년대 후반, 신경과학자인 마리안 다이아몬드 박사(Dr. Marian Diamond)의 선구적인 연구로 인해 뇌가소성(brain plasticity)이라는 개념이 세상에 등장하게 되었다. 뇌가소성은 '뇌가 환경에 반응하여 변화한다'는 의미로, 교사는 학생들의 뇌를 변화시키는 제반 환경에 대해 생각해볼 필요가 있다. 이 글을 읽고 있는 교사가 학생이었던 시절은 지금과 같은 환경인가? 대답은 '아니다'일 것이다. 역사적으로 볼 때에도 지난 20-30년 간의 변화는 그 어느 때보다 컸다.

얼마 전 나*는 여덟 살 난 딸아이와 유명한 전자제품 회사의 체인점에 갔는데 그때 나는 시대의 변화를 확실하게 느꼈다. 나는 구경을 하고 있는 딸아이에게 잠깐 멈추고 주위를 잘 둘러보라고 말했다. 내가어렸을 때에는 그 가게에서 파는 물건들이 존재조차 하지 않았기 때문에 그 가게가 아주 대단하게 느껴진 탓이다. 딸아이가 지금은 그 상점의 물건들이나 상점 자체를 아주 평범한 것으로 생각할지라도 나중에 딸이 내 나이가 되어서 지금 보고 있는 가게의 풍경을 기억한다면 내가 느낀 것과 비슷한 생경함을 느낄 수 있을 것이라고 생각했다. 가게에는 노트북, 스마트 TV, 스마트폰 등 많은 디지털제품들이 있었다. 이들은 몇십 년 전에는 존재조차 하지 않았음에도 불구하고 이제는 현

---

* 나 이 책에서 '나'는 저자인 제리 에반스키(Jerry Evanski)를 가리킨다(옮긴이).

대인의 삶에 한 부분이 되어버렸다.

내가 어렸을 때에는 줄넘기나 보드게임을 하고 놀았고, 수업시간에는 선생님 몰래 쪽지를 돌리며 즐거움을 찾곤 했다. 하지만 요즘 아이들은 친구들과 어울리는 것보다는 비디오게임이나 컴퓨터게임을 하고 텔레비전을 보는 등 고립된 형태로 여가시간을 보낸다. 과거의 쪽지나 편지는 컴퓨터와 스마트폰의 실시간 채팅으로 대체되었다. 또한 안전문제에 예민한 현대의 풍조로 유아용 카시트가 부모들의 필수품이 되었기 때문에 아이들은 이제 차 안에서 거의 움직이지 못한 채 고정되어 있어야 하는 신세가 되었다. 놀이터의 모습도 달라졌다. 요즘 놀이터는 그네를 제외하면 움직이는 놀이기구들이 거의 없는데, 시소나 회전식 놀이기구로 인해 아이들이 다칠 수도 있을뿐더러 그런 경우 이어질 수 있는 법적 책임공방의 싹을 없애자는 사회적 합의가 암묵적으로 존재하기 때문이다. 더불어 카페인 같은 것에서부터 우울증 치료제에 이르는 각종 약물에 요즘 아이들은 매우 가까이 노출되어 있다.

이런 모든 것들은 사회환경이 변했다는 것을 보여준다. 뇌는 주변 환경에 영향을 받기 때문에 사회환경이 변하면 뇌 역시 변한다. 그렇다면 새로운 환경으로 인해 예전과 다른 뇌를 가진 아이들을 집중하게 하고, 그 집중상태를 유지하게 할 방법은 무엇일까?

해답은 뇌와 관련한 연구 속에 숨어있다. 이미 다양한 연구에서 아이들의 집중을 유도하고 지속시킬 수 있는 구체적인 방법들이 제시되었고, 나는 그 아이디어들을 이 책에서 소개하고자 한다.

'상태변화'가
집중력을 높인다

'상태변화'란?

'상태변화(state change)'라는 개념에 대한 교과서적인 정의는 다음과 같다. 우선 '상태'란 어떤 순간 개인에게 일어난 신경생리적 · 정서적 · 정신적 현상들의 총체로서 몸상태나 기분상태, 정신상태와 같은 몸과 마음의 상태를 일컫는 개념이다. 그리고 이런 '상태'가 바뀌어 이전과는 다른 심신상태를 가지게 되는 것이 바로 '상태변화'이다(Hall & Belnap, 2002). 알기 쉽게 말하면 상태변화란 학습자의 생각이나 느낌, 생리적 현상이 바뀌어 달라지는 것이다.

다양한 연구들이 수업에서 교사가 학생들의 상태변화를 유도해야 한다고 말하고 있다. 교사가 학생들의 특성, 관심도, 하루 중 학습이 이루어지는 시간 등의 상황을 고려하여, 적절한 횟수와 빈도로 상태변화를 유도한다면 학생들의 생리적 욕구가 충족되고 집중력이 새로워져 결국 학습 효율이 높아지기 때문이다.

또한 우리의 뇌는 독자적으로 에너지를 저장해두고 이를 사용하면서 작동되는 기관이 아니라, 혈액을 통해 지속적으로 산소와 영양소를 공급받아 소모하는 기관이다. 그렇기 때문에 상태변화를 유도하도록 고안된 활동들은 산소가 풍부한 혈액을 학생들의 뇌에 공급함으로써 뇌에 활기를 불어넣을 수 있도록 하는 것이 대부분이다.

이 책은 교사가 손쉽고 간단한 활동으로 상태변화를 이끌어내는 방법들을 구체적으로 소개한다.

어떤 활동은 수업 중에 학생들이 직접 신체를 움직이도록 하기도 한다. 혹시 그 활동이 수업내용과는 전혀 관련이 없는 것일지라도 분명한 것은 그런 활동이 수업을 전체적으로 더욱 원활하게 진행되도록 도와줄 것이라는 점이다. 이 책에서 상태변화를 위해 제안된 활동은 학생들의 두뇌에 좋은 영향을 미칠 뿐만 아니라, 그 활동을 한 후 직전에 학습하던 내용으로 바로 돌아가 수업을 계속 진행할 수 있도록 애초부터 고안되었다. 실제로 나는 수업 중에 활동을 진행하고 나서 학생들을 다시 수업에 집중시키는 일에 어려움을 겪어본 적이 거의 없다.

수업시간 중에 잠깐이지만 수업내용과 무관할 수도 있는 어떤 활동을 한다는 것이 부담되어 수업의 모든 시간을 학습내용 전달에 투자하고자 하는 교사가 있을 수 있다. 하지만 집중력이 낮아진 학생들에게 수업내용이 중요하다는 것만을 재차 강조하면서 학습내용을 정성껏 자세하게 설명하는 방법은 학생들을 수업내용에 다시 집중시키는 데 효과적이지 않다. 내 경험으로는 학생들이 수업에 흥미를 잃은 시점에서, 상태변화를 위한 아무런 시도도 없이 학생들을 다시 수업에 집중하도록 유도하는 일은 거의 불가능했다.

나는 이 책에 소개된 모든 활동들이 교실에서 즐겁게 진행되길 바란다. 활동을 진행하는 교사는 학생들의 성공적인 학습을 도울 수 있을 뿐만 아니라 어쩌면 학생들의 인생을 바꾸는 교사가 되는 최고의 경험을 할 수도 있을 것이다. 무엇보다 이 책의 활동들은 교사인 여러분이 유쾌하게 수업을 이끌어 나갈 수 있도록 돕기 위해서 개발된 활동들이라는 점을 잊지 않기를 바란다.

이 책에 제시된 활동들

책에 소개된 활동은 다양한 전문분야에 근간을 두고 있는데, 대부분이 교육분야가 아닌 작업치료°, 시각치료°, 감각통합치료° 등과 같은 분야에서 영감을 받아 개발되었다. 또한 이 책에는 개인활동과 모둠활

• 작업치료 재활의 중요한 일부분으로서 유희, 게임, 운동을 포함하는 각종의 작업활동을 매개로 지체운동 장애인에게는 응용적인 기능회복을 꾀하고 정신장애인에게는 장애의 경감과 적응력의 증강을 도모함과 아울러 환자의 자립성을 높이는 것을 목적으로 함(옮긴이).
• 시각치료 눈과 뇌를 포함하는 시각시스템에 대한 생리학적 교정방법(옮긴이).
• 감각통합치료 감각조절장애 아동을 위해 후각, 촉각 같은 감각을 자극해 뇌 불균형을 개선하는 치료(옮긴이).

동이 다양하게 소개되었다. 모둠활동은 소모둠이나 전체 학급 단위로 학생들 간 유대감을 기를 수 있게 해주기 때문에 위협이나 경쟁 없는 편안한 교실분위기가 만들어질 수 있다는 장점을 지닌다.

교사들이 이 책을 가지고 다니면서 필요할 때 즉시 활동을 골라 활용해보면 좋을 것이다. 수업 중 상태변화가 필요하다고 생각될 때, 책을 펼쳐 알맞은 활동 하나를 골라 시도해보면 되기 때문이다. 또는 어떤 특별한 수업이나 학기에 앞서 알맞게 활용할 수 있는 활동을 미리 골라 놓아도 좋다. 이 책에서는 상태변화를 유발하는 활동들을 아래와 같은 4가지 주제로 분류해 제시했다.

1장 수업을 살리는 교실환경 만드는 법

2장 집중력을 높여주는 수업활동

3장 활력을 불어넣는 수업활동

4장 학습에너지를 높여주는 모둠활동

1장 '수업을 살리는 교실환경 만드는 법'에서는 기분 좋은 학습환경을 조성하는 여러 가지 방법을 제시하였다. 2장 '집중력을 높여주는 수업활동'에서는 학습 초반에 학생들을 빠르게 집중시킬 수 있는 아이디어들을 제시하여 학생들이 학습의 첫 단추를 잘 채울 수 있도록 돕고자 하였다. 3장 '활력을 불어넣는 수업활동'에서는 학생들이 수업 중간에 다시 집중할 수 있도록 상태변화를 유도하는 활동들을 소개하고 있다. 마지막 4장 '학습에너지를 높여주는 모둠활동'에서는 상태변화를 야기할 뿐만 아니라 팀이나 공동체같이 크고 작은 모둠 안에서 구성원 간의 관계를 긍정적으로 발전시켜주는 활동들을 소개하였다.

이 책에 제시된 활동들은 특정한 연령대에 한정하여 그 효과를 발휘하는 것이 아니다. 실제 나는 유치원생부터 성인에 이르는 전 연령의 학생들을 대상으로 이 책의 모든 활동들을 사용해왔다. 활동의 기본 아이디어를 학습자의 나이와 신체발달 정도, 공간과 시간에 알맞게 조정하고 변형하면 여기에 제시된 모든 활동을 보다 가치 있게 활용할 수 있다는 것을 꼭 강조하고 싶다.

02 '상태변화'가 집중력을 높인다

수업활동은
어떻게 진행해야 좋을까?

　학생들은 상태변화가 필요할 때 교사인 여러분에게 아주 다양한 모습으로 그 순간이 도래했음을 알려줄 것이다. 바로 그때 2장 '집중력을 높여주는 수업활동'에 소개된 '한 단어로 감정 표현하기' 활동처럼 전체 학급의 에너지 수준을 가늠하고 그 에너지를 북돋워주기 위한 활동을 실행해보면 좋다.

　그런데 교사가 '그 순간'을 포착하는 것이 쉬운 일은 아니다. 학생들은 종종 불평 섞인 표정으로 "쉬는 시간을 달라"고 말하곤 하는데, 이는 학생들이 게을러서가 아니라 집중하기 어렵다고 느끼기 때문일 가능성이 높다. 이처럼 학생들은 자신이 어떤 상태에 있는지를 명확하게 표현하기보다는 다른 말이나 행동으로 자신의 상태를 간접적으로 드러내는 경향이 있다. 그러므로 학생들의 겉모습을 보면서 그들의 근본적인 상태를 알아차리기 위해 노력하는 것은 우리가 어려운 문제 앞에서 끙끙 앓는 상황과 비슷한 일이다.

상태변화가 필요할 때 학생들이 교사에게 주는 힌트에는 어떤 것이 있을까? 여러분이 가르치고 있을 때 학생들이 집중하지 못하고 다른 곳을 본다거나 시계를 쳐다보는 것이 그런 예가 될 수 있다. 떠들거나 안절부절못하거나 불안해하는 것도 일종의 신체적 언어(body language)일 수 있다. 상태변화가 필요할 때 어떤 학생들은 화장실을 간다고 하거나 물을 마시고 오겠다고 하거나 사물함에서 뭔가를 가져오겠다고 말하기도 하는데, 이는 뇌와 연결되어 있는 신체의 자연스러운 반응이다. 목이 마르거나 몸이 불편해지거나 몸을 가만히 두지 못하는 등 신체에서 어떤 변화가 일어나면 뇌는 영향을 받는다. 마찬가지로 뇌에서 지루하다거나 쉬고 싶다거나 움직이고 싶다는 감정이 일어나면 이는 신체에 영향을 미친다. 즉 교실에서 학생들이 보이는 신체반응들은 상태변화가 필요하다는 신호일 가능성이 높다. 학생들이 의자에 삐딱하게 앉거나 손으로 턱을 괴고 있거나 머리를 숙이고 있는 등의 행동은 바로 지금이 학생들에게 상태변화가 필요한 시점이라는 것을 교사에게 알려주는 힌트라는 말이다.

교사가 학생들이 보여주는 이런 힌트에 민감해지면 이전보다 더 명확하게 교실상황을 파악할 수 있게 될 것이다. 자, 그렇다면 상태변화를 위한 활동은 수업 중 어떤 시점에 어떻게 진행해야 할까? 다음의 4

가지 방법으로 진행할 것을 제안한다.

방법1 수업내용과 관련지어 활동한다.

방법2 수업내용과 상관없이 활동한다.

방법3 규칙적으로 발생하는 수업장면과 연관 지어 활동한다.

방법4 수업이 자연스럽게 이완되는 시점에 활동한다.

방법1 수업내용과 관련지어 활동한다

활동을 진행하는 대표적인 방법으로, 학습내용에 상태변화 활동을 적용시키는 방법이 있다. (2장 '집중력을 높여주는 수업활동'의 '**2** 다다익선 피드백' 편 참고)

한 가지 예를 들어보겠다. 수업 중에 학생들은 교실을 두리번거리며 집중하지 못하거나 불안해 하거나 또는 의자에 삐딱하게 앉거나 손으로 턱을 괴는 등의 신체적 언어를 통해 자신이 집중하지 못하고 있으며 상태변화가 필요하다는 것을 드러낼 것이다. 그럴 때는 수업을 멈추고 학생들을 모두 자리에서 일어서게 해보자. 그리고 친구와 짝을 이뤄 서로 수업내용에 대해 한 가지씩 얘기하는 시간을 주자. 이 활동은 상태변화 활동의 두 가지 목적을 충족시킨다. 지쳐 있던 학생들을 서로 의사소통하게 함으로써 그들의 활력과 에너지를 높이고, 동시에 학습자가 수업내용을 재구성하도록 함으로써 학습을 촉진한다.

방법 2 수업내용과 상관없이 활동한다

학습내용과는 무관하면서도 아주 간단한 상태변화 활동을 수업 중간에 끼워 넣을 수 있다. 이는 잠시 학습의 막간을 만듦으로써 학생들에게 상태변화를 불러일으킨다. 짧은 시간 동안 활동을 한 후 바로 수업을 재개하면 된다. 예를 들어 고등학교 교실에서 이렇게 진행해볼 수 있겠다.

"자, 여러분, 펜을 잠시 내려놓고 모두 자리에서 일어나주세요. 우리 뇌는 산소와 영양분을 얻기 위해 지속적으로 피를 공급받아야 하죠. 우리 몸에는 피를 돌게 하는 아주 훌륭한 펌프가 있어요. 물론 심장이 최고의 펌프지만 또 다른 펌프는 바로 우리의 종아리 근육입니다. (교사가 직접 시범을 보이며) 자, 이렇게 발가락을 몇 번 들어 올려봅시다. 잘 했어요. 이제 숨을 깊이 들이마시고 내쉬세요. 다시 한 번 깊게 들이마시고 내쉬고, 이제 자리에 앉으세요. (바로 수업으로 들어가며) 자, 다시 봅시다. 그러니까 님비(NIMBY) 현상이란 것은…"

방법 3 규칙적으로 발생하는 수업장면과 연관 지어 활동한다

교사가 자신이 진행하는 수업의 일상적인 흐름을 생각해본다면, 수업시간마다 규칙적으로 상태변화 활동을 진행하기에 적절한 시점을 찾아낼 수 있을 것이다.

예를 들어, 교과서의 페이지를 넘길 때에 맞추어 그때마다 숨쉬기 활동을 하도록 할 수 있다. (2장 '집중력을 높여주는 수업활동'의 '**3** 수업을 깨우는 호흡법' 편 참고)

방법 4 수업이 자연스럽게 이완되는 시점에 활동한다

수업의 흐름에 따라 자연스럽게 분위기가 이완되는 휴식시간이 생긴다. 이때 자연스럽게 상태변화 활동을 교실에 적용함으로써 수업의 전체적인 흐름을 원활하게 만들 수 있다.

예를 들어, 학습내용 전달을 마치고 과제물에 대해 얘기하는 시점이나, 전체 활동을 하다가 짝 활동으로 전환되는 시점 등 잠시 수업이 이완될 때 상태변화 활동을 진행하면 된다.

유의할 사항들

이 책에서 기본적으로 전하고자 하는 것은 '수업은 재미와 웃음, 즐거움과 자연스러움이 넘쳐야 한다'는 것이다. 그렇기 때문에 나는 이 책에서 상태변화를 위해 소개한 활동들이 수업 중에 자연스럽고 성공적으로 활용되어 교사와 학생 모두가 재미와 즐거움을 느낄 수 있도록 아래와 같은 사항에 유의할 것을 당부한다.

높은 비용, 긴 시간을 투자한다고 생각하지 말자

학생들에게 효과적으로 상태변화를 일으키려면 무언가 엄청난 노력을 들여 활동을 진행해야 할 것이라고 생각하면서 부담을 느끼는 교사가 있다면 다음의 이야기를 들려주고 싶다.

어느 왕의 이야기

옛날 어느 나라에 세 아들을 둔 왕이 있었다. 왕은 이 세 아들을 모두 사랑했고 자신이 죽으면 이 많은 재산을 누구에게 물려줘야 할지 결정하기가 너무 어려웠다.

고민하던 왕은 어느 날 왕궁 뒤뜰에 있는 거대한 창고로 세 아들을 불렀다. 왕은 재산을 세 아들에게 각각 나눠준 뒤, 텅 빈 창고의 내부를 보여주었다. 그리고 자신이 나눠준 재물을 가지고 무엇이든 사서 그 텅 빈 창고를 천장까지 가득 채우라는 과제를 내주었다.

첫째 아들은 그 말을 들은 즉시 밖으로 나가 왕에게 받은 돈의 일부를 가지고 흙을 샀다. 흙이 저렴했기 때문이다. 그는 가까스로 창고의 절반까지 흙을 채웠지만 왕이 말한 대로 천장까지는 채우지 못했다.

둘째 아들은 부피가 큰 건초더미와 짚더미를 사서 창고를 채웠다. 하지만 창고의 2/3 정도만 채울 수 있었을 뿐 천장까지 가득 채우기에는 역시 역부족이었다.

이제는 셋째 아들만 남았다. 해질 무렵 셋째 아들은 왕을 창고로 모셔왔다. 저녁이 되어 궁전에 어둠이 깔리자 셋째 아들은 왕을 창고 안으로 들어오게 하고 문을 닫았다. 깜깜해진 창고 안에서 셋째 아들은 품 안에서 양초 하나를 꺼내 들었다. 양초에 불을 붙이는 순간 창고는 천장까지 환한 빛으로 가득 채워졌고 왕은 크게 만족하며 기뻐했다.

이 이야기를 통해 교사들은 비용을 많이 들이거나, 오랜 시간 공을 들여야만 학생들의 상태변화를 효과적으로 이끌어낼 수 있는 것은 아님을 분명히 느꼈을 것이다. 수업 중에 상태변화를 위한 활동을 규칙적으로 진행하는 것은 필요하다. 더불어, 짧은 시간 안에 간단한 활동으로도 상태변화를 이끌어 낼 수 있다고 믿는다. 상태변화를 위한 활동을 진행할 교사들에게 강조하고 싶은 두 가지는 활동 적용 시 발생할 수 있는 어려움을 이해해야 한다는 것, 그리고 활동에서 발생하는 여러 상황을 있는 그대로 받아들이고 조정하기 위해 노력하는 자세를 유지해야 한다는 것이다. 이 두 가지를 좀 더 자세하게 설명하도록 하겠다.

'반응 편차'를 고려하자

어떤 활동이든 받아들이는 학생에 따라 그 반응이 아주 긍정적일 수도 있지만 상대적으로 덜 긍정적일 수도 있고 심지어 시큰둥하거나 부정적일 수도 있다. 이렇게 학생들의 반응 양상이 얼마나 다양한지를 가리키는 개념이 바로 반응 편차(gradient)이다. 교사가 어떤 활동을 선택하여 진행하고자 할 때는 활동의 반응 편차를 예측해보는 것이 좋은데, 반응 편차를 알면 활동을 진행할 때 일어날 수 있는 위험 요소들을 예방하거나 대비할 수 있기 때문이다.

이 책에서 소개된 활동 중 일부는 반응 관련 위험성이 매우 낮다. 그런 활동들은 실제 내가 교실에 적용했을 때 활동에 참여하길 거부하는 학생들이 거의 없었다. 하지만 '4장 학습에너지를 높여주는 모둠활동'에서 소개한 활동들은 다른 활동들에 비해 반응 편차가 큰 편이라는 점을 미리 밝혀둔다.

　나도 교사생활 초반에는 활동의 반응 편차를 고려하지 않았던 탓에 수업을 성공적으로 진행하지 못했던 경험이 있다. 그때는 수업에 활력을 불어넣을 수 있는 활동이라면 무엇이든지 수업시간에 적용해보곤 했었다. 효과를 볼 때도 없진 않았지만, 활동을 통해 학생들의 에너지와 집중력이 상승하기를 바랬던 내 기대는 어긋나기 일쑤였다. 활동이 아무리 좋고 교사가 그 활동을 아무리 열심히 설명한다고 하더라도 학생들과 교사의 관계가 제대로 형성되기 전이라면 하나의 활동에 대한 학생들의 반응 양상이 예상 외로 다양해지는데, 수업활동에 대한 내 기대가 어긋나곤 했던 이유가 바로 이 넓은 반응 편차때문이었던 것이다.

　활동을 성공적으로 이끌기 위해서는 교사가 자신만의 구체적인 상황을 고려해야 한다. 수업에서 만나는 학생들을 염두에 두고 이 책에서 소개하는 활동들을 살펴보아야 한다. 그리고 바로 그 학생들이 즐기며 참여할 것이라 판단되는 활동을 고르면 된다. 수업 중에 간단한 상태변화 활동이 규칙적으로 진행되고 학생들이 적응하기 시작하면, 이후에 좀 더 적극적인 참여를 유도하는 활동에도 학생들은 흔쾌히 참여할 수 있게 될 것이다.

상황에 맞게 조정하고 변형하자

이 책에서 제시하는 어떤 활동이든 상황에 맞게 조정하고 변형한다면 유치원생부터 성인에 이르기까지 모든 연령층에 활용할 수 있다고 앞에서 말한 바 있다. 하지만 학생의 연령대에 꼭 맞는 활동을 골랐더라도 어떤 교사는 그 활동을 자신의 학생들에게 완벽하게 녹아들게 할 자신이 없을 수 있다. 그럴 때는 우선 상태변화를 위한 활동이 최적의 수업환경을 조성하는 데 유용할 뿐만 아니라 필수적이라는 사실을 교사가 다시 한 번 곱씹어 보아야 한다. 또한 최상의 수업분위기를 조성하고 학생과 교사 모두 행복을 느낄 수 있도록 해주는 또 하나의 필수요소가 바로 즐거움이라는 것을 인정해야 한다. 다시 한번 그렇게 마음을 먹은 뒤, 선택해 두었던 활동을 학생의 특성과 교수환경에 알맞게 변형하여 진행할 용기와 열성을 지니도록 하자.

또한 교사가 진행해보고 싶은 어떤 활동이 있는데 그 활동을 학생들이 처음에는 받아들이기 어려워할 것 같다는 걱정이 있다면 4장 '학습에너지를 높여주는 모둠활동'에 나온 활동을 먼저 시도해보면 좋다. 내 경험에 비추어볼 때, 일단 학급 전체를 대상으로 하는 활동이 원활하게 운영되기 시작하면 그 이후에는 웬만한 활동들은 학생들에게 성공적으로 녹아들기 때문이다.

교사의 역할은

학습내용을 전달하는 것에 그치는 것이 아니라,

그 내용이 진정한 배움으로 연결될 수 있도록

교사가 통제할 수 있는 모든 요소들을 고려하고 관리하는 것까지를

포괄한다.

1장

수업을 살리는
교실환경 만드는 법

1 교실 정돈하기

뇌과학 링크 ▶ ▶ ▶

사람의 눈이 사물을 분명하게 볼 수 있도록 초점을 잡는 기관은 동공 뒤쪽에 있는 작은 노란색 반점으로 황반(黃斑macula)이라 불린다. 우리가 초점이 정확하게 맞지 않은 주변까지도 볼 수 있는 것은 '주변 시야(peripheral vision)' 덕분이다. 사람은 주변 시야를 통해 무의식적으로 주위 환경을 인식한다. 그래서 주변 시야는 우리가 외부의 정보를 빠르고 폭넓게 받아들일 수 있게 하지만, 동시에 학습 내용에 대한 집중도를 떨어뜨리는 데에도 일조한다.

교사의 역할은 학습내용을 전달하는 일에 그치는 것이 아니라 그 내용이 학생의 진정한 배움으로 연결될 수 있도록 교사가 통제할 수 있는 모든 요소들을 고려하고 관리하는 것을 포괄한다. 나는 수업을 진행하는 중에 집중력이 점차 떨어지는 학생이나 갑자기 다른 생각에 빠져드는 것이 확연한 학생들을 보면서 어떻게 하면 그들의 문제를 해결하거나 예방할 수 있을지에 대해 오랜 시간 고민해왔다. 이 책을 읽고 있는 교사도 자신의 수업에서 그런 학생들을 본적이 있다면 다음의 내용을 읽으며 교실의 환경이 어떤지 우선 떠올려볼 것을 권한다.

어질러진 교실환경 점검하기

📖 교실이 늘 정돈된 상태를 유지하도록 꼼꼼하게 관리한다.

방법1 튀어나온 책상이 있어서 아이들의 시선을 분산시키지는 않는지 확인한다.

방법2 블라인드나 커튼을 제대로 조절하지 않아서 아이들이 눈부심을 느끼지는 않는지 확인한다.

방법3 옷걸이가 보기 싫게 뒤엉켜 있지는 않은지 확인한다.

방법4 게시판이나 벽면의 액자들이 삐딱하지는 않은지 확인한다.

방법5 종이는 가지런히 정리되어 있는지 점검한다.

　교실에 있는 자신의 책상이나 교탁에 종이를 아무렇게나 쌓아두는 교사들이 있다. 그런 것도 어찌 보면 개인적인 생활방식이므로 꼭 깔끔하게 정리해야 한다고 말하고 싶지는 않다. 누가 그런 교사를 비난한다면 아마도 그 교사는 물건을 찾거나 일을 처리하는 데 아무런 불편을 느끼고 있지 않다고 반박할 것이다. 사실은 나도 그런 사람 중 하나였다.

　그러나 교실환경의 중요성을 깨닫고 나자 나의 이런 행동방식이 잘못된 것임을 알게 되었고 고치기로 마음먹었다. 교실환경은 학생들이 얼마나 학습할 수 있을지에 대한 나의 기대 정도를 그대로 반영하고 있을 뿐만 아니라, 내가 어떤 교사인지도 말해준다는 점을 깨달았기 때문이다.

　어떤 학생들은 교사의 책상 위에 쌓인 종이 더미를 보며 저것이 어떤 서류인지, 저기에서 정말 무언가를 찾아 쓸 수는 있는 것인지, 선생님은 왜 종이를 정리하지 않고 저렇게 쌓아둔

것인지에 대해 수업 중에 관심을 가질 수 있고, 종이 더미가 위태롭게 쌓인 모양새를 보면서 저것이 언제쯤 무너질지 조마조마해 하며 호기심을 품게 될 수도 있다. 그런데 이것은 수업에 쏟을 수도 있었던 아이들의 집중력을 교사가 앞장서서 빼앗은 셈이라는 데 문제의 초점이 있다.

이런 상황을 예방하기 위해 교사는 수업 전, 혹은 수업 중에라도 교실을 둘러보면서 정리정돈이 잘 되어 있는지 살필 필요가 있다. 처음에는 이러한 행동이 약간 지나치다거나 귀찮은 일이라고 생각될 수 있지만, 시간이 지나면 충분히 시간과 관심을 투자할 만한 가치가 있는 습관임을 알게 될 것이다.

움직이는 물건 최소화하기

학생들의 종이작품을 천장에 매달아 두는 교사가 많다. 그런데 교실에 바람이 들어오거나 에어컨이 작동되면 그때마다 작품이 흔들릴 것이다. 이러한 경우 그 종이작품이 자신의 주변 시야(peripheral vision) 영역 안에 들어오는 학생들은 예외 없이 그 종이를 쳐다보게 될 것이다. 이것은 학생이 ADHD(주의력결핍 과잉행동장애)인지 여부와 아무런 상관이 없다. 인간이 지니고 있는 생물학적 본능에 따라 자연스럽게 일어나는 행동이기 때문이다.

우리의 시각체계는 감지되는 시각적 신호를 대부분 뇌의 뒷부분 즉, 후두엽(occipital lobe)으로 보내 처리하지만 어떤 정보는 생명과 직결된 신체기능을 통제하고 조절하는 뇌간(brain stem)으로 곧바로 보내지기도 한다. 뇌는 우리에게 들어오는 정보가 해로운지 이로운지 끊임없이 살피는데, 만약 움직이는 무언가가 시야에 감지되면 우리는 본능적으로 그 자극이 우리에게 위협이 되는지 살피기 위해 주의를 기울인다.

물론 시간이 조금 지나면 학생들은 움직이는 물체에 익숙해져 더 이상 주의를 기울이지 않게 되겠지만, 그 순간이 단 일분일지라도 학생들의 집중력을 무너뜨린다면 그것을 허용할 이유가 없다. 그러므로 학생들의 주의를 산만하게 할 수 있는 어떤 움직임들이 교실에 있는지 살피고 그것을 없애거나 최소화하는 것이 좋다.

2 학습에 좋은 조명은 따로 있다

뇌과학 링크 ▶▶▶

뇌는 새로운 자극에 집중하도록 설계되어 있다. 이것은 일종의 생존본능으로, 주변에 새로운 것이 나타나면 뇌는 그것이 잠재적인 위험 요소가 될 수 있을지를 판단한다. 그러므로 교실조명의 종류, 양, 위치를 적절하게 변화시켜 학습자가 이를 새로운 자극으로 인지하면 수업에 더 잘 집중하고 수업내용을 더 잘 이해할 수 있을 것이다.

학습환경의 다양한 요소 중 조명에 대해서는 풍부한 연구가 진행된 편이다. 교실에서 사용하는 조명이 학습자의 우울증, 단기기억과 장기기억, 문제해결능력에 영향을 미친다는 연구결과도 있다(Tithof, 1998). 21,000여 명의 학생들을 대상으로 실시했던 한 연구에 따르면 학생들을 자연광, 즉 햇빛에 노출시키는 것은 학업성취도에 긍정적인 영향을 준다. 실험집단 중 낮 동안 자연광에 가장 많이 노출된 학생들의 학습속도가 교실에서 수업을 받아 자연광에 가장 적게 노출된 학생들보다 빨랐는데, 수학은 약 15퍼센트, 읽기는 약 23퍼센트 더 빨랐다(Heschong Mahone Group, 1999). 조명에 대한 다음의 조언을 참고해서 활력 있는 수업환경을 유지하도록 하자.

조명을 똑똑하게 활용하는 방법

📖 학습상황에 알맞게 조명의 수, 밝기, 종류를 조절한다. 극적이거나 감상적인 글을 읽을 때에는 조명을 몇 개 꺼서 분위기를 더한다.

방법1 이야기를 읽어줄 때 조명으로 극적인 효과를 연출할 수 있다. 손전등을 턱 밑에 두고 얼굴을 비추면 모닥불에 둘러앉아 무서운 이야기를 나누는 때처럼 실감나는 분위기를 만들 수 있다.

방법2 질의응답시간을 가질 때에는 우선 전체 조명을 끈 뒤, 대답할 학생에게 손전등을 비춰 순서를 알려준다.

방법3 특별한 날에는 기존의 불빛과 다른 색상의 전구를 사용해 조명을 연출한다. 예를 들어 크리스마스나 밸런타인데이에는 빨간색 전구를 사용한다.

📖 태양광처럼 모든 파장의 빛을 내는 전파장 전구(full-spectrum light)를 사용한다. 연구결과에 따르면 전파장 빛 아래에서 학습을 한 학생들이 학습속도, 시험성적, 성장속도, 출석률 면에서 더 우수할 뿐만 아니라 심지어 학생들의 충치 발생률도 낮아지는 것으로 나타났다(Hathaway, Hargreaves, Thompson, & Novitsky, 1992).

3 후각의 힘

뇌의 변연계에는 감정과 기억에 관여하는 편도체(amygdala)와 해마(hippocampus) 같은 조직들이 있다. 인간이 가진 감각 중 유일하게 변연계로 직접 연결되는 감각은 후각이다. 감각정보는 변연계를 통과해야 인지와 해석을 담당하는 상위인지 피질 지역(higher cortical brain region)에 도달하기 때문에 후각은 다른 어떤 감각보다도 빠르게 그와 연관된 감정이나 기억에 대한 인지적 반응을 불러일으킨다.

또한 혈액뇌관문(blood-brain barrier)이라는 뇌의 내벽을 통과할 수 있는 소수의 분자 중 하나가 바로 아로마 치료에 사용되는 기름의 분자이다. 혈액뇌관문이란 뇌를 보호하기 위해서 뇌에 도달하고자 하는 유해색소, 약물, 독소 등의 화학물질을 걸러내는 내벽이다.

아로마 치료의 효과에 대한 과학자들의 연구결과는 매우 놀랍다. 예를 들어, 아로마는 치통과 불안감을 감소시키고 기분을 좋게 만들 수 있으며(Lehrner, Marwinski, Lehr, Johren, &Deecke, 2005) 불안감(Burnett, Solerbeck, & Strapp, 2004), 산후우울증(Imura, Misao, & Ushijima, 2004), 생리불순(Han, Hur, Buckle, Choi, & Lee, 2006), 불면증(Lewith, Godfrey, & Prescott, 2005) 등을 감소시킬 수 있다.

활동 1
학습에 도움이 되는 아로마 오일

아로마를 사용할 때는 특정 향에 예민하거나 알레르기가 있는 학생이 있는지 먼저 확인해야 한다는 것을 잊지 말자. 아래 제시된 정보 외에도 책이나 인터넷을 통해 아로마 치료나 방향용 오일에 대해 알아보면 좀 더 풍부한 정보를 얻을 수 있을 것이다.

🔋 목적에 알맞게 아로마 오일을 고르고, 수업을 시작하기 전에 은은한 향기가 교실 전체에 감돌게 하자. 수업 중에도 막간을 이용하여 교실에 향을 더하면 지친 학생들이 관심을 보이면서 향기에 적극적으로 반응할 것이다.

방법 1 로즈마리나 감귤향은 집중력을 향상시킨다.

방법 2 로즈마리와 세이지는 기억력을 향상시킨다.

방법 3 라벤더는 우울증을 완화시키고 기분을 편안하게 한다[Diego et al., 1998].

방법 4 브랜디 민트와 라벤더는 피로를 감소시킨다[Leshchinskaia,, Makarchuk, Lebeda, Krivenko, & Sgibnev, 1983].

활동 2
간단한 후각 자극법

🔋 상대적으로 비싼 아로마 오일을 사용하지 않더라도 교실에서 간단하게 후각을 자극할 수 있다.

방법 1 가끔씩 포푸리(꽃, 잎 등을 말린 방향제)를 교탁이나 학생들의 책상 위에 놓아둔다.

방법 2 탈취제를 교실에 뿌려 공기를 산뜻하게 만든다.

방법 3 플러그인 방식의 실내용 방향제를 이용해 교실에 향기를 더한다.

4 상쾌한 이온의 효능

폭포나 파도, 폭풍우 주변에서는 자연적으로 공기의 이온화가 일어난다. 폭풍우가 지나가고 난 뒤 공기가 산뜻하고 상쾌하게 느껴지는 이유가 여기에 있다. 공기 중에 있는 음이온은 사람의 감정과 학업에 긍정적인 영향을 미친다는 것이 많은 연구에서 밝혀졌다. 쥐를 이용한 수중 미로실험(Duffee & Koontz, 1965)에서 음이온에 노출된 쥐의 인지기능이 350퍼센트 향상된 것으로 나타났는데, 쥐의 뇌는 인간과 마찬가지로 신경세포와 교세포가 기본 구성요소이므로 이 실험을 통해 인간의 행동을 예측해도 무방할 것이다.

한편, 인간을 대상으로 한 음이온 연구 역시 다양하게 실시되었다. 영국에서 이루어진 한 실험(Hawkins & Baker, 1978)에서는 음이온화된 공기에 노출된 사람의 인지과제 수행능력이 크게 향상된 것으로 나타났다. 음이온화된 공기가 학습장애를 가진 학생들의 기억력과 집중력 향상에 도움이 되는지 알아보는 실험(Morton & Kershner, 1984)에서도 음이온 공기를 마신 학생 전부가 우연기억(incidental memory)의 향상을 보였다. 또한 학습장애를 가진 학생은 기억력을 요하는 학습에서 24퍼센트 정도 진전을 보였고, 학습장애가 없는 학생은 학업능력이 약 8.4퍼센트 향상되었다. 또 다른 연구에서는 사람들이 음이온에 노출될 경우 반응속도가 빨라지며 스스로 활력이 넘친다고 느끼는 것으로 나타났다(Tom, Poole, Galla, & Berrier, 1981). 그 외에도 많은 연구에서 공기 중에 음이온을 발생시키면 기분이 좋아지고 활력이 생길 뿐만 아니라 인지기능 역시 크게 향상됨을 밝혀냈다.

활동 1 교실정원 만들기

📑 음이온을 뿜어내는 관엽식물(교실환경에 적절한 값싼 작은 식물들)을 페트병에 수경 재배해보자. 아이들이 직접 식물을 심고 가꾸면서 생물을 보살피는 정서적 경험을 할 수 있을 뿐만 아니라 음이온의 혜택 또한 받을 수 있어 일석이조이다. 교실 내 작은 정원을 꾸미게 되어 인테리어 효과도 볼 수 있다.

📑 모둠별로 서로 다른 화초를 가꿀 수 있도록 한다. 식물의 종류를 결정할 때, 각각 꽃이 피는 시기를 알아보면 사계절 내내 교실에 꽃이 피어 있도록 할 수 있다. 협동하여 식물을 가꾸는 과정을 통해 학생들은 학습과 관련되지 않은 색다른 모둠활동을 경험하고 새로운 놀이문화를 경험하게 될 것이다.

5 음악이 있는 교실 만들기

음악을 틀면 교실 분위기가 크게 변하는 걸 느낄 수 있다. 음악이 학생들을 최상의 학습상태에 도달하도록 하는 데 효과가 있다는 연구결과도 있다. 예를 들어, 감성을 자극하는 음악은 뇌의 영역 중 보상이나 자극, 동기부여, 감정에 관여하는 부분으로 유입되는 혈류량(cerebral blood flow)을 증가시킨다고 한다(Blood & Zatorre,2001).

음악은 다양한 면에서 학습자에게 긍정적 영향을 미친다는 사실이 여러 연구를 통해 입증되었다. 예를 들어, 음악은 공부나 시험, 학습과제 해결 등과 같이 높은 집중력을 요하는 활동을 수월하게 만든다(Botwinick, 1997). 그리고 클래식음악이나 명상음악은 멜라토닌(melatonin)의 분비를 촉진시킨다(Tims et al., 1999). 멜라토닌은 신경전달물질로서 긴장 완화, 수면 유도, 심박수, 혈압 조절에 중추적인 역할을 한다. 또한 음악은 공간 추론(spatial reasoning) 능력을 향상시키고(Rauscher, Shaw, & Ky, 1993), 집중력을 높이는 효과가 있는 것으로 밝혀졌다(Cockerton, Moore, & Norman, 1997).

목적에 따른 음악 사용법

클래식음악에 얽매일 필요는 없다. 학생들과 공유하고 싶은 그 어떤 느낌을 잘 전달해줄 수 있는 음악을 고르면 된다.

목적을 달성한 후에는 과감히 음악을 *끄자*. 학생들은 점차 음악소리에 신경을 쓰지 않게 되므로 종일 배경음악처럼 틀어 놓으면 음악의 영향력은 결과적으로 사라지게 된다.

🔋 등교시간에 학생들의 기분을 상승시키고 긍정적인 에너지를 생성시키려면 빠른 템포의 경쾌한 음악을 활용한다. 학생들이 교실에 들어오거나 수업이 전환될 때, 차분하게 생각하는 분위기를 만들고 싶다면 느린 템포의 클래식음악을 사용한다.

🔋 신호음악을 정하고 그 음악이 들리면 학생들이 자동적으로 하던 일을 정리하고 청소나 회의, 하교준비와 같이 약속된 행동을 하도록 연습시킨다. 이러한 음악적 신호는 학생들에게 즐거움을 줄 뿐만 아니라 교사가 소란스러운 교실 안에서 힘들게 목청을 높여 말해야 하는 수고를 덜어준다.

🔋 음악과 접목된 정보는 뇌가 효과적으로 기억한다. 「한국을 빛낸 백명의 위인들」과 같이 친숙한 노래의 곡조에 학습내용으로 가사를 지어 불러보게 한다.

🔋 숙제를 검사할 때 학생들이 좋아하는 뮤직비디오를 보여준다. 학생들은 숙제검사 때마다 좋아하는 것을 볼 수 있다는 것을 알기 때문에 숙제에 대해 덜 부정적인 생각을 가지게 된다.

🔋 시간제한을 두는 타이머 대신 적절한 길이의 음악을 사용한다. 활동을 즐겁게 진행할 수 있고 시간을 통제하기가 보다 수월할 것이다.

6 수업습관, 조금만 바꿔보자

뇌과학 링크 ▶ ▶ ▶

심리학자 윌리엄 제임스(William James)에 따르면 주의(attention)는 자발적 주의(voluntary attention)와 비자발적 주의(involuntary attention)로 나뉜다. 자발적 주의는 주의를 집중하고자 하는 대상이 아닌 외부 자극을 적극적으로 차단한다. 그러나 자발적 주의가 오래 지속되면 뇌의 전두엽(frontal lobe)에 있는 신경억제 메카니즘(neural inhibitory mechanism)이 약화되면서 뇌는 차단하고 싶은 자극까지 주목하기 시작한다. 따라서 윌리엄 제임스는 교사가 학습의 주제를 다양한 방법으로 제시함으로써 학생들이 신선한 자극을 계속적으로 느낄 수 있게 해야 학생들이 40-50분 동안 수업내용에 집중을 유지할 수 있다고 주장한다.

이 책을 읽고 있는 교사는 혹시 자신이 강의식 수업에만 너무 치중하고 있는 것은 아닌지 생각해보길 바란다. 그렇다면 다음과 같은 활동들을 가미하여 다양한 방식으로 자신의 수업을 운영해보기를 권한다.

수업에 학생을 참여시키는 방법

뇌세포 간의 연결성을 높이기 위해서는 적극적인 참여가 필수다. 그저 앉아서 어떤 일이 진행되는 것을 보고만 있는 것으로는 시냅스(synapse, 신경세포의 연접부)를 생성시키기 어렵다(Diamond, 1988).

한 실험에서 다양한 놀이도구, 새로운 자극, 많은 동료가 있는 환경에서 살도록 한 쥐들의 시냅스는 급격히 증가했지만, 어떠한 자극도 없이 갇혀 생활한 쥐들은 시냅스가 증가하지 않았다. 결국 학생들이 반응할 만한 환경, 주변 사람들과의 소통이 있어야 뇌세포가 증가한다는 것이다.

📖 교사의 역할을 대신하게 한다.

방법 1 학생 한 명을 뽑아 수업내용의 일부를 교사 대신 가르치게 하거나, 학생 몇 명에게 수업 전체를 운영해보도록 시킨다.

방법 2 학생들끼리 일대일 수업을 하게 한다.

📖 학생들이 스스로 결정하고 판단하게 한다.

방법 1 직접 대본을 쓰고 짧은 연극이나 역할극을 하게 한다.

방법 2 다양한 주제를 주고 학생들이 중요도에 따라 사안의 우선순위를 직접 정하게 한다. 예를 들면 모둠별로 빈곤, 기아, 전쟁 등 긴급하고 세계적인 문제들에 대해 논의하여 자신들이 생각하는 중요도에 따라 순위를 매겨보게 할 수 있다.

📖 학생들의 반응을 확인할 때에도 다양한 방법을 사용한다. 학생들이 긍정의 의미를 표현하는 방법으로 늘 한 손을 들게 할 필요는 없다. 일어서거나 앉게 할 수도 있고, 교실의 이쪽저쪽으로 이동하게 할 수도 있다.

스토리텔링과 은유 사용하기

인간은 타고난 이야기꾼이다. 구전을 통해 인류의 역사가 수 세대에 걸쳐 전해졌으며, 복잡한 관념들도 은유(metaphor)나 스토리텔링을 통해 쉽게 이해되고 설명되어 왔다.

한편, 인간이 시각적 정보를 기억하는 능력은 믿기 힘들 정도로 뛰어나다. 그렇기 때문에 생생한 묘사가 더해진 스토리텔링은 인지적으로나 정서적으로 학습에 긍정적인 영향을 미친다(Sturm, 1999). 교사가 가르치고 있는 것을 학생들이 머릿속에 시각적으로 그려낼 수 있다면, 그 개념을 충분히 이해했다고 평가해도 될 것이다.

상태변화가 필요할 때 주제와 관련된 이야기를 해주거나, 배우는 내용을 이해하기 쉽도록 은유적으로 표현하는 것은 매우 효과적인 교수법이다.

📖 'A는 (   )이다. 왜냐하면 ~ 때문이다'라는 은유적 방식으로 개념어를 설명하는 모둠활동을 진행한다. 학생들의 창의적이고도 재미있는 생각이 수업을 활력 넘치게 할 것이다.

📖 교사 자신이 직접 겪은 이야기는 학생들의 특별한 관심을 불러일으키기 때문에 스토리텔링의 훌륭한 재료가 된다. 다른 영감이 필요하다면 이야기책을 읽거나 일화, 유머, 잠언이나 연설문 등을 연재하는 잡지나 홈페이지를 참고하는 것도 도움이 된다.

시각적으로 변화 주기

수업 중에 학생들의 주의 집중을 오랫동안 유지시키기 위해 교사가 즉각적으로 쉽게 자극을 제공할 수 있는 감각 영역은 바로 시각 영역(visual field)이다. 교사가 자세나 행동을 바꾸는 것만으로도 쉽게 효과를 볼 수 있기 때문이다.

🔋🔋 교사의 행동에 변화를 준다.

방법1 주로 서서 수업을 진행하는 스타일이라면 아이들을 모아 앉힌 후 가운데 앉아서, 또는 의자나 책상에 앉아서 수업을 해본다.

방법2 새로운 화제를 꺼내기 직전에 잠시 몇 초 동안만 학생들을 등지고 서있어보자. 단번에 학생들의 주의를 사로잡을 수 있을 것이다.

🔋🔋 수업내용과 관련된 짧은 동영상이나 사진을 준비해 보여준다.

🔋🔋 교실을 벗어나 야외에서 수업을 진행한다.

7 색다른 장면, 신선한 활동의 힘

뇌과학 링크 ▶▶▶

의외성과 새로움은 감정 및 주의력과 관련된 뇌의 기제를 활성화시키기 때문에 배움을 촉진할 수 있다. 인간의 감정이 학습에 어떤 역할을 하는지 알아보고자 했던 한 실험에서는 대학생들에게 정서적으로 고조된 내용의 영상과 비교적 중립적인 내용의 영상을 모두 시청하도록 했다. 2주가 지나서 두 영상의 내용을 떠올려보았을 때, 학생들은 정서가 넘쳤던 영상의 내용을 훨씬 더 많이 기억하고 있었다(Guy & Cahill, 1999).

하지만 여기서 주의할 것이 하나 있다. 수업은 새로운 요소와 익숙한 요소 모두를 반드시 균형 있게 다루어야 한다는 것이다. 수업에 새로운 활동이 너무 많아 익숙한 활동이 거의 없다면 학습자는 혼란스러울 수 있다. 그렇다고 예상 가능한 활동을 너무 늘리면 수업에 참신함이 떨어져 지루해지기 십상이겠지만 말이다.

우리는 의외의 일, 예상 밖의 일에 즐거워하곤 한다. 뜻하지 않았던 보상이 주어지면 뇌에서 즐거움의 중추를 맡고 있는 미상핵(nucleus accumbens)이 활성화된다(Berns, Cohen & Mintun, 1997). 이러한 연구결과를 통해 우리는 의외성이라는 요소가 뇌에 어떤 영향을 미치는지 확인할 수 있다. 의외성은 우리가 경험하고 있는 것을 뇌가 더 의미 있는 것으로 인식할 수 있게 하고, 감정적 반응을 동반하게 함으로써 그것을 더 잘 기억할 수 있도록 돕는다. 그러므로 교사들은 참신함과 의외성을 학습환경에 녹여내는 방법에 대해 고민해볼 만하다.

다음에 제시한 활동들은 교사가 평소에 하지 않던 일을 의도적으로 행함으로써 결과적으로 학생들이 학습의 즐거움을 느끼도록 하는 데 그 목적이 있다. 교사는 활동을 준비하면서 혹시 자신이 우스꽝스러워져 교사로서의 권위가 없어지는 것은 아닐지 걱정이 될 수도 있다. 하지만 걱정하지 말자. 권위의식을 내려놓은 교사의 행동은 학생들에게 분명 색다르고 신선하게 받아들여질 것이며, 교사는 학생들과 교사 사이에 있던 관계의 문턱이 한결 낮아지는 것을 느낄 수 있을 것이다.

활동 1 소품으로 흥미 돋우기

- 역사적 인물이나 특정 시대를 학습할 때, 인물이 그려진 그림을 준비해 보여주거나 그 시대의 옷을 입어보자.

- 수업내용과 관련된 모형이나 표본 등 시중의 교구를 준비해서 보여주는 것만으로도 학생들의 호기심과 흥미를 자극할 수 있다.

- 수업 초반, 동기유발 시간에 아이들이 직접 소품을 준비해 역할극을 하도록 한다면 큰 흥미를 이끌어낼 수 있다.

음향 활용하기

색다른 청각자극을 제공하자. 나는 오래전부터 특별한 음향 효과를 내기 위해 비싸지 않은 장치들을 수집했고 직접 만들기도 했다. 과학박물관에 있는 상점에서 스프링이 달려 천둥 같은 소리를 내는 튜브를 구매하기도 했고, 자연보존센터에서는 새 소리가 나는 피리를 사두기도 했다. 이런 도구들은 간단한 방법으로 학생들을 상태변화에 이르게 한다.

🔋📋 피리소리가 날 때까지 하나의 주제로 토론하게 한다. 적당한 시간이 지나고 교사가 피리를 불면 그 소리에 학생들이 깜짝 놀라면서도 환한 얼굴을 할 것이다.

🔋📋 교사가 PPT 화면을 클릭하는 순간에 맞춰 학생들이 심벌즈를 치는 것처럼 손뼉을 마주치게 한다. 그리고 PPT 장면이 바뀔 때마다 학생들이 드럼을 치듯 손가락으로 책상을 두드려 소리내게 한다.

궁금증 불러일으키기

🔋📋 드라마가 매회 아슬아슬한 장면에서 마무리되는 것과 유사하게 수업을 마치면서 교사가 학생들에게 궁금증을 유발할 수 있다. 예를 들어, 학생들에게 "인류의 가장 큰 미스터리 중 하나가 약 100년 전에 결국 해결되었어요. 그 미스터리가 바로… 내일 수업시간에 우리가 가장 먼저 논의하게 될 주제랍니다."라고 하는 것이다. 이렇게 하면 학생들은 다음 날 배울 주제가 무엇일지 추측하면서 기대에 부풀 것이다.

수업자료 재미있게 나눠주기

　인쇄물과 같은 수업자료를 나눠주는 일은 일상적이므로 상태변화 활동이 될 수 있으리라고는 생각하지 못할 수 있다. 하지만 여기에 약간의 변화를 주면 학생들이 새롭고 재미있다고 느낄 수 있는 훌륭한 상태변화 활동이 된다.

🔋 수업자료를 나눠주는 시간을 학생들이 소통하는 순간으로 활용한다.

방법1 지원자를 받아 유인물을 직접 나눠줄 사람을 정한다. 학생들은 친구에게 자료를 받으며 고맙다고 인사를 하도록 한다.

방법2 학생들이 교사에게 수업자료를 받기 전에 자신의 이름을 말하고 뒤에 앉은 학생을 교사에게 소개시키게 한다. 예를 들면, "안녕하세요. 저는 지민이에요."라고 자신의 이름을 교사에게 말한 후, 뒤에 앉은 학생을 가리키며 "이 아이는 희종이에요."라고 소개하도록 한다.

🔋 학생들이 각자 나눠 받은 수업자료를 함께 짝을 맞춰야만 온전한 하나의 수업자료가 되게 하여 창의적이고 역동적으로 의사소통하게 한다.

차례 **1** 교사는 수업내용과 관련된 몇 개의 핵심문장을 뽑고, 각 문장을 두세 장의 종이에 적어 학생들에게 나눠준다.

2 학생들은 자신이 들고 있는 종이에 적힌 구절과 친구의 구절을 합쳐 하나의 완전한 문장이 되도록 하기 위해 여기저기 자리를 옮겨 돌아다니며 서로의 종이를 확인한다.

3 짝을 찾아 온전한 문장을 만든 학생들은 반 전체 앞에서 자신들이 완성한 문장을 이야기하고, 그와 관련하여 수업시간에 배운 것들을 이야기한다.

4 수업내용과 관련 없이 넌센스 퀴즈 몇 개의 문제와 답을 각기 다른 종이에 적고 한 장씩 나누어 준 뒤, 위 활동을 진행해도 좋다.

게임으로 복습하기

직사각형 모양의 블록탑을 해체하여 다시 층층이 쌓아 올리는 젠가˚
라는 게임이 있다. 교사는 각각의 블록에 번호를 붙이고 각 번호에 복
습용 질문들을 연결해둔다. 수업시간에 학생들이 블록을 하나씩 뽑고
교사가 그 블록에 적힌 번호에 맞춰 던지는 질문에 대답하도록 할 수
있다. 젠가블록에 질문을 붙여 놓을 수도 있다.

이구동성 게임˚이나 스피드 퀴즈, 빙고와 같이 쉽고 재미있는 게임들
을 응용한다면 수업시간에 배운 내용을 다시 확인하면서 즐겁게 활동
을 진행할 수 있을 것이다.

• 젠가 2~8명이 함께 20분 정도에 할 수 있는 보드게임이다. 같은 크기의 54개 직육면체 조각들을
쌓아 만든 18층 나무블록 탑의 맨 위층 블록을 제외한 나머지 층의 블록을 하나씩 빼서 다
시 맨 위층에 쌓아야 한다. 이때 누군가 블록을 제대로 빼내는 데 실패하거나 제대로 쌓지
못해 탑이 무너지면 그 사람은 패자가 된다.

• 이구동성 게임 한 팀의 선수들이 4~5글자의 단어를 각각 1글자씩 맡아서 동시에 외치고 상대팀
은 이 단어가 무엇인지 맞추는 게임이다. 맞추지 못할 때마다 획득할 수 있는 점수를 낮추
면서 좀 더 느리고 길게 외치도록 함으로써 난이도를 쉽게 한다.

색다른 말투 사용하기

교사와 학생이 평소와 다르게 색다른 말투나 억양을 사용하는 재미있는 시간을 가져보자. 색다른 말투나 억양에는 외국인의 말투, 드라마나 영화, 개그프로그램에 나오는 인물들의 재미있는 말투, 유명인사들의 개성 있는 말투, 다른 지역의 방언, 저팔계나 짱구 등 만화캐릭터의 특이한 말투 등이 있다. 교사가 변형된 말투를 만들어서 사용해도 된다. 단, 그럴 때에는 문화적 관점에서 세심하게 따져 보아 어떤 학생도 기분이 상하지 않도록 주의해야 한다.

하지만 학생들의 특성에 따라 색다른 억양을 쓰는 활동이 수업을 혼란스럽게 하기만 할까 염려하는 교사가 있을 것이다. 그렇다면 학생들이 교사에게 질문을 할 때에만 색다른 말투를 쓰게 하거나, 평범한 말투로 질문하되 말을 끝낼 때에만 특별한 억양이나 말투를 쓰도록 하면 된다.

🗒️ 특별한 날을 정해 그날만큼은 종일 색다른 말투를 사용할 수도 있으며 1시간 반 동안이라든가 아침부터 점심시간 전까지, 혹은 시험이 끝날 때까지 등과 같이 하루 중 특정한 시간대를 정할 수도 있다.

방법 1 "콜럼버스의 배가 세 척이라는 말씀이십니까?"처럼 군인의 전형적인 말투인 '~다', '~나', '~까'로 모든 말을 끝내기

방법 2 "그러니까 A 플랫과 G 샤프가 같은 음이란 말이드래요?"처럼 강원도 지방의 사투리로 말하기

방법 3 인기 있는 만화캐릭터의 말투를 살려 말하기

8 시각적 맥락을 흔들어라

뇌과학 링크 ▶ ▶ ▶

시각적 맥락(visual context)을 제공하는 것은 뇌의 기억을 돕는 강력한 방법 중의 하나다. 항상 같은 자리에 있던 어떤 것의 위치를 바꾸는 일은 사람들에게 신선함을 주고 호기심을 자극할 뿐만 아니라 뇌가 나중에 그것을 기억하는 데에도 도움이 된다. 지난 화요일 저녁식사로 어떤 음식을 주문했는지에 대해서 친구에게 질문 받을 때, 그 음식점의 이름이 무엇인지 친구가 정확히 언급하지 않는다면 쉽게 대답하기 어려울 것이다. 뇌는 기억의 단서들 가운데 색깔이나 모양, 움직임보다는 위치에 더 쉽게 집중하기 때문이다(Ackerman, 1992).

교실에서 교사와 학생들이 있는 위치를 바꾼다거나 학생들의 자리배치를 바꾸는 등의 활동을 통해 '위치변화'를 만들 수 있는데, 이는 효과가 좋은 상태변화 활동일 뿐만 아니라 맥락에 의존하여 기억이 형성되는 방식(contextual memory)과도 긴밀히 연결되어 있다.

자습과 같은 집중적인 개별학습을 포함한 몇몇 활동에는 전통적인 자리배치가 더 효과적인 반면, 학생들의 사회적 상호작용과 교실 내에서의 급우간 상호작용을 촉진시키는 데에는 모둠별 자리배치가 효과적이다. 또한 모둠별로 되어 있던 교실의 자리배치를 줄별로 바꾸거나, 짝끼리 앉도록 바꾸었더니 학생들이 과제에 집중하는 시간이 30퍼센트 이상 증가했다는 연구가 있다(Hastings & Wood, 2002). 그러나 수업목표 중에 문제해결력 향상, 협업 증진, 사회성 향상, 공동체 형성이 있다면 모둠형 자리배치를 유지하는 것이 알맞을 것이다. 즉, 수업의 내용과 활동의 성격에 따라 자리배치를 융통성 있게 조정할 필요가 있다.

활동 1

수업공간에 변화 주기

가끔은 적절한 시기에 학생들이 수업장소에서 새로움을 느낄 수 있도록 해보자. 늘 수업을 진행하던 교실을 벗어나 공간 자체를 바꾸어 수업해도 좋고, 평소에 수업하던 교실일지라도 기존 공간을 활용하던 맥락을 바꾸면 비슷한 효과를 볼 수 있다.

방법1 체육관, 창고, 급식실처럼 교실 밖의 특별한 공간에서 수업해보자.

방법2 다른 교사와 교실을 바꿔서 수업해보자.

방법3 학생들을 데리고 야외나 복도로 나가 수업해보자.

방법4 슬라이드나 영상물, 프로젝터를 비추어 보여주던 스크린이나 칠판의 위치를 바꾸어보자. 천장이나 벽이 백색이라면 그곳에 프로젝터를 비추어도 학생들은 즐거워할 것이다. 이동식 화이트보드나 칠판을 이용할 수 있다면 때때로 교실에서 그 위치를 바꿈으로써 학생들에게 새로운 기분을 느끼게 해주자.

동서남북 바꾸기

📖 교실에 들어가면 교실의 앞쪽, 뒤쪽으로 인식되는 양면이 있다. 이를 서로 바꾸어 기존에 교실 뒤쪽이라 여기던 곳에서 수업을 시작한다. 오른쪽 면이나 왼쪽 면 등 색다른 위치에서 수업을 시작해도 좋다. 의자나 책상까지 모든 것을 새로운 방향으로 돌려 놓고 수업을 하면 더욱 재미있을 것이다.

책걸상 새롭게 사용하기

📖 교실에서 다양한 방법으로 책상이나 의자를 배치한다.
방법1 교실에 의자만 두기
방법2 책상 대신 큰 탁자 쓰기
방법3 U자 모양으로 자리 배열하기

📖 학생들이 재미있고 색다른 자세로 자리에 앉게 한다.
방법1 학생들이 팔짱을 낄 때 습관적으로 위로 올라가는 팔이 있을 텐데, 그와 반대쪽의 팔을 위로 두고 팔짱 끼면서 앉기
방법2 엄지손가락을 감싸 쥐고 앉기
방법3 발목을 서로 교차한 채로 앉기

📖 평소와 달리 학생들을 바닥이나 책상 위에 앉게 하거나 때로는 잠시 책상에 마음껏 엎드릴 수 있게 한 뒤 수업을 이어 나간다.

활동 4 자리 바꾸기

학생들이 한동안 고정적으로 앉던 자리에서 벗어나 새로운 자리로 이동하는 활동은 학생들의 장기기억 형성을 돕고 상태 변화에 큰 도움을 준다. 기억은 당시의 맥락이 어느 정도 회상되는지에 크게 영향을 받는데, 공간을 이동할 때 두뇌가 시각적·공간적 맥락을 새롭게 구성하느라 바쁘게 작동하는 점을 활용하는 활동이다.

📖 학생들에게 10초를 주고 그 시간 안에 자신이 앉은 줄의 다른 자리로 책을 가지고 이동하게 한다. 그러고 나서 이번에는 다른 분단의 같은 위치에 있는 자리로 10초 안에 이동하게 한다.

📖 학생들의 손바닥에 종이 한 장을 평평하게 펼쳐 두게 한 후, 그 상태에서 종이를 떨어뜨리지 않고 가능한 빨리 새로운 자리로 찾아가게 한다.

📖 짧은 음악을 활용한 자리찾기 활동도 있다.

차례 **1** 음악이 멈출 때까지 학생들은 책을 들고 교실 안이나 통로를 이리저리 걸어 다닌다.

2 음악이 멈추면 자신과 가장 가까운 자리에 앉아 남은 수업을 듣는다.

📖 새로운 자리를 결정하기 위해 완수해야 할 과제를 알려준다.

방법1 "파란색 물건 세 가지를 만진 다음 마지막 물건에서 가장 가까운 의자에 앉으세요", "반 친구 다섯 명과 악수한 후 서 있는 자리에서 뒤돌아 바로 앞에 앉으세요"라고 지시한다.

방법2 수업내용과 접목시켜볼 수도 있다. 예를 들어, 과학시간이라면 "교실에서 자연물과 인공물을 하나씩 만져본 다음 앉고 싶은 자리에 가서 앉으세요"라고 하거나, 영어수업 시간이라면 "앉고 싶은 자리로 이동하면서 여학생과 남학생 한 명씩과 정중하게 악수하세요"와 같이 활용한다.

"절대 집중" "완전 집중"

몸을 가만히 두지 못하는 약 30명의 학생들 앞에 서야 하는 교사들은
학생들의 집중력을 관리해야만 좋은 수업을 만들 수 있다.
청각적인 자극은 소수의 학습자를 제외한
대부분의 학생으로부터 주의를 끌지 못하기 때문에
시각적 또는 운동감각적 활동을 이용하여
학생들을 수업에 참여하도록 유도하고 집중하게 만드는 것이 바람직하다.

2장

집중력을 높여주는
수업활동

1 학생들의 상태 체크하기

뇌과학 링크 ▶ ▶ ▶

　좋은 수업을 하기 위해서는 학생들이 집중할 수 있도록 하는 것이 필수다. 이번 장에서는 학생들의 집중력을 높여주는 활동들을 제시하는데, 이는 요즘 많은 학생에게 청각적으로 학습하는 뇌의 채널이 선호되지 않는다는 것을 기본 전제로 삼고 있다. 하지만 사실 많은 수업을 관찰해보면 교사들은 여전히 "얘들아, 집중 좀 해줄래?", "여러분, 여기를 봐주세요"와 같은 청각신호만으로 학생들의 주의를 끌고자 애쓴다.

　그러나 청각자극에 의존하는 수업방식은 청각에 예민하게 반응하는 소수의 학습자를 제외한 대부분의 학생으로부터 주의를 끌기 어려우므로 효과적인 방법이 아니다. 실제로 요즘의 학생 대부분은 시각적 또는 운동감각적 학습양식을 선호한다.

　따라서 이번 장에서는 시각적 또는 운동감각적 활동을 통해 학생들을 수업에 참여하도록 유도하고 집중하게 만드는 여러 가지 방법을 제시할 것이다.

한 단어로 감정 표현하기

학생들이 수업 중 얼마나 동기부여가 되어 있는 상태인지, 혹은 얼마나 집중하기 어려운지를 간편하게 확인할 수 있다. 활동을 하기 전에 비해 활동 후 학생들의 말에서 긍정적인 단어가 늘었다면 수업을 받을 준비가 되었다는 의미이다.

📖 학생이 느끼는 기분을 한 단어로 표현하게 한다.

방법1 '신나요', '최고예요' 또는 '그런대로 괜찮아요', '피곤해요', '힘들어요' 와 같이 솔직하고 간단한 말로 표현하게 한다.

방법2 일기예보를 하듯 학생들의 현재 마음속 날씨가 맑고 따뜻한지, 약간 흐린지, 머릿속에 폭풍우가 일고 있는지, 혹은 곧 폭풍이 올 가능성이 있는지 몸짓을 동반해 표현하게 한다.

손가락으로 기분 말하기

📖 학생이 지금 기분이 좋고 의욕이 넘쳐 바로 수업을 시작하고 싶은 상태라면 5점을, 그렇게 원하는 건 아니지만 수업을 해도 나쁘지 않다면 3점을, 잡생각이 많아 집중할 수 없는 상태라면 0−1점을 주게 하고 그 점수만큼 손가락을 펴 보이게 한다.

2 다다익선 피드백

반복은 학습의 어머니라는 말이 있다. 실제로 수업의 난이도와 선행학습 여부, 학습에 대한 학생의 태도나 그 밖의 많은 요소에 따라 차이가 있겠지만, 학습한 내용을 학생들이 확실하게 기억하기 위해서는 수차례 반복학습을 해야 할 필요가 있다. 교사에게 있어 반복학습을 새롭고 재미있게 진행할 방법을 찾아내는 것은 여간 어려운 일이 아니다. 그러나 학생들이 재미있게 반복적으로 학습할 때 효과적으로 배울 수 있다는 점은 분명한 사실이다.

학생들은 한 시간에도 몇 번씩 피드백을 받아야 한다. 시험을 치거나 과제물을 낸 후 여러 날 또는 여러 주가 지나서야 비로소 피드백을 받는다면 이는 학생들의 뇌를 자극하는 최상의 피드백이라고 보기 어렵다. 학습은 학생에게 풍부한 자극이 주어지는 환경에서 잘 일어나는데 풍부한 자극의 대표적인 예 중 하나가 수행한 일에 대한 즉각적인 피드백이다(Woodcock & Richardson, 2000).

새로운 학습을 통해 생겨나는 신경세포 회로는 빠르게 굳어진다. 이는 올바른 정보만큼 잘못된 정보도 뇌에 빠리 저장되고, 이를 잊는 것도 쉬운 일이 아니라는 것을 의미한다. 즉각적인 피드백은 즐겁고 효과적인 상태변화를 이끌어낼 뿐만 아니라 잘못된 학습을 이후에 바로잡는 수고로운 과정을 겪지 않아도 되게 해준다. 또한 학습자 자신이 과제를 얼마나 잘 수행하고 있는지를 확인시켜주기 때문에 불안감을 감소시키고, 다운시프팅(downshifting)을 방지시켜줄 수 있다. 다운시프팅이란 위협이나 불안, 공포상황에 처했을 때 생존의 문제를 담당하는 뇌의 부분이 과잉활성화되어 고차원적인 사고를 하기 어려운 생존지향적·생물학적 반응을 뜻한다(Hart, 2002). 생존의 문제와 고차원적인 사고는 동시에 병존하기 어렵다. 한편, 교사로부터 피드백을 받는 것도 매우 유익하지만 친구들로부터 받는 피드백은 더 큰 동기부여가 되고 학업의 성과가 오래 지속될 수 있도록 해준다(Druckman & Sweets, 1988).

활동
1

짝지어 진행하는 피드백 활동

한 가지 학습내용에 대한 설명이 마무리되었을 때 학생들이 짝을 이뤄 소통하게 하면 학습자 간 피드백이 쉽게 일어날 수 있다.

방법1 방금 배운 수업내용을 짝에게 다시 설명한다.

방법2 짝이 5살 정도 어린아이라고 가정하고 방금 배운 것을 쉽게 고쳐 말해준다.

방법3 배운 내용 중 중요하다고 생각되는 세 가지를 짝과 함께 정리한다.

방법4 짝과 함께 방금 배운 것에 대한 마인드맵이나 표를 그리게 한다. 번갈아 가며 세부사항을 추가하여 완성하게 한다.

선생님은 마술사

주말이나 방학 등 일정 기간의 휴식 후 학생들을 다시 만났을 때 '복습활동'으로 수업을 시작할 필요를 느낄 것이다. 학생들이 다소 지루해하기 쉬운 이때 메뉴판과 비슷한 모양의 질문판을 만들고 마술을 하는 듯한 분위기를 연출해보자. 학생들과 역동적으로 피드백하며 복습활동을 시작하면 학생들은 즐겁고 긍정적인 기분을 갖게 되기 때문에 효과적으로 복습할 수 있을 것이다.

차례

1 교사가 음식점 메뉴판과 같은 도구를 준비하고 복습할 주제를 학생들 앞에서 하나씩 적는다.

2 교사는 학생들에게 자신이 교실을 나갈 것이라고 말하고, 교실을 나가 있는 동안 학생들이 의논해 메뉴판에 적힌 주제 중 하나를 선택하라고 한다.

3 학생들이 복습주제를 고르는 동안 교사는 교실 밖에 나가 있는다.

4 학생들이 복습주제를 고르면 교사에게 교실로 돌아오라고 신호한다.

5 교실로 돌아온 교사는 학생들의 정신적 에너지를 끌어모으는 듯한 시늉을 하면서 신통력을 이용해 학생들이 선택한 주제를 맞출 수 있는 것처럼 연기를 한다. 마치 마술을 부리듯 각각의 복습주제 위에서 손을 흔들기도 한다. 교사는 학생 중 한 명을 미리 비밀요원으로 지정해 놓고, 자신의 손이 정답인 복습주제 위에 있을 때 비밀요원인 학생이 신호를 보내도록 약속한다. 교사는 곁눈질로 비밀요원의 신호를 확인하고 과장된 몸짓을 하며 학생들이 선택한 주제을 골라낸다. 이후 학생들은 모둠별로 그 주제에 대해 복습한다.

활동 3

모둠지어 진행하는 피드백 활동

📓🔋 모둠별로 탱탱볼이나 풍선을 하나씩 나누어준 뒤 서로 던지고 받게 하면서 복습활동을 진행한다.

차례 1 모둠별로 원을 만들게 한 다음 음악에 맞춰 공을 서로 자유롭게 주고받게 한다.

2 교사는 불시에 음악을 중지시킨다. 그때 공을 가지고 있는 각 모둠의 학생들은 교사의 복습질문에 답해야 한다. 공을 가진 학생이 답을 잘 모를 경우 모둠친구들의 도움을 받아 답을 알아낸다.

3 음악을 끄기 전에 미리 어려운 질문을 던져 놓고 카운트다운을 하면 보다 재미있게 활동을 진행할 수 있다.

📓🔋 수업내용과 관련된 특별한 상황을 가정해 역할놀이를 진행한다.

방법1 사회시간에 삼권분립이나 국회에 대해 배웠다면, 학생들이 미래에 국회의원이 되었다고 가정하고 '미래 파티'를 연다. 어떻게 국회의원이 되기로 결심하였고, 최근 자신이 어떤 법안을 어떻게 입법하였는지 그 과정에 대해 이야기 나누게 한다.

방법2 역사시간에 탕평책이나 쇄국정책 등에 대해 배웠다면 학생들이 조선시대의 민중이나 관리, 아니면 현대의 시민이나 관리 중 한쪽의 입장을 선택하여 모둠 안에서 이야기 나누게 한다.

69

3 수업을 깨우는 호흡법

뇌과학 링크 ▶ ▶ ▶

우리의 뇌는 생존하기 위해 산소를 필요로 한다. 평균적으로 뇌의 무게는 약 1.36킬로그램 정도에 불과하지만 체내에서 뇌가 소비하는 산소량은 전체 소비량의 약 20퍼센트에 달한다(Erecinska & Silver, 2001).

뇌는 산소를 직접 저장하지 못하기 때문에 뇌에 산소를 전달하기 위해서는 충분한 산소를 함유한 혈액이 지속적으로 공급되어야 한다. 우리의 몸은 규칙적인 운동을 통해서 필요한 양의 산소를 충분히 공급받도록 설계되어 있다. 학교에서 학생들은 쉬는시간이나 놀이시간에 신체를 움직이는 기회를 가짐으로써 뇌를 포함한 신체 곳곳에 충분한 양의 산소를 공급할 수 있는 것이다. 그렇기 때문에 예산삭감 등의 이유로 체육시간을 축소하거나 폐지하고 쉬는시간 없이 너무 오랜 시간 동안 수업만 듣게 한다면 학생들과 집중력 있는 수업시간을 보내기는 힘들어질 것이다. 이번에 소개할 활동들은 이러한 상황을 개선하는 데 도움이 될 것이다.

산소의 양만큼 중요한 변수로 연구자들이 주목하는 것은 정신적 스트레스와 불안이다. 한 연구에 따르면 정신적 스트레스와 불안은 정상적인 호흡패턴을 방해함으로써 신체와 뇌에 충분한 양의 산소가 공급되는 것을 방해한다(Bernardi et al, 2000).

심호흡은 혈액 내 산소운반을 도움으로써 뇌가 최적의 상태를 유지하면서 자극에 기민하게 반응할 수 있도록 만든다. 적절한 심호흡이 주는 혜택은 아주 많다. 심호흡을 하면 산소량이 충분한 혈액이 뇌에 공급되어 학생들의 집중력을 높이는 데 도움이 된다. 만약 학교에서 규칙적으로 심호흡 활동을 진행한다면 학생들은 건강에 수많은 혜택을 주는 습관을 가지게 될 것이다. 고혈압으로 고통 받는 환자들을 대상으로 한 실험에서 환자들에게 하루 10분씩 천천히 규칙적으로 숨쉬기 운동을 시킨 결과 약물의 도움 없이 혈압을 낮추는 데 성공했다(Grossman, Grossman, Schein, Zimlichman, & Gavish, 2001). 또한 적절한 숨쉬기 운동이 산소의 흐름을 원활하게 하여 심장 박동수와 불안을 낮추는 데 효과적이었다는 연구결과도 있다(Bernadi et al. 2000).

심호흡 활동은 입이 아니라 코를 사용하는 것이 좋은데, 여기에는 몇 가지 이유가 있다. 우선, 우리가 주로 코로 숨을 쉬기 때문이다. 코로 숨을 쉬면 코털이 우리의 폐에 해로운 먼지입자를 걸러낸다. 너무 많은 입자가 콧속 점막에 쌓이면 우리의 몸은 자동적으로 그 입자들을 제거하기 위해 점액을 분비하거나, 입자들을 밖으로 배출하기 위해 코를 풀게 만든다.

우리가 코로 호흡해야 하는 또 다른 이유는 혈액에 함유된 산소와 이산화탄소의 적절한 균형을 맞추기 위해서이다. 입으로 숨을 쉬어 이산화탄소를 너무 빠르게 배출하면 체내 세포에 혈액을 운반하는 정맥과 혈관들이 수축되기 때문에 혈액 내 산소가 체내 세포로 충분히 전달되지 못한다. 이 현상은 뇌에 혈액과 산소를 운반하는 경동맥에도 발생할 수 있다. 뇌세포로 가야 할 산소가 부족하면 우리의 신체는 마치 공격을 받은 듯한 느낌을 받는다. 따라서 그에 맞서 싸울지 아니면 도망갈지(fight-or-flight) 중 하나를 택하려는 본능적인 반응을 취할 것이다.

위에서 다양한 사실과 원리를 언급했지만 당신이 몸을 가만히 두지 못하는 30명의 학생들 앞에 서야 하는 교사라면 이 모든 것에 신경 쓸 필요는 없다. 그저 이것만 기억하면 된다. 가능한 한 학생들이 코로 숨을 쉬게 하라.

다음에 소개된 활동들은 상태변화를 유도할 뿐 아니라 학생들의 건강에도 유익하다. 학생들이 책상 앞에 앉아 있을 때, 줄을 서 있을 때, 또는 어느 때나 학생들의 뇌에 휴식을 주고자 하는 순간에 다음의 활동을 할 수 있다.

콧구멍 바꾸기

한 연구에 따르면 우리는 어느 콧구멍으로 주로 숨을 쉬는지 알아냄으로써 어느 쪽 뇌를 더 많이 사용하는지 구분할 수 있다 (Shannahoff-Khalsa, Boyle & Buebal, 1991). 이보다 훨씬 더 흥미로운 연구결과도 있다. 숨을 쉴 때 주로 쓰던 콧구멍이 아닌 다른 콧구멍으로 숨을 내쉬도록 호흡방법을 인위적으로 바꿨을 때 인지수행능력이 좋아진다는 것이다.

📖 학생들이 양쪽 콧구멍을 번갈아 막아보고 좀 더 불편한 쪽으로 몇 번 크게 숨 쉬게 한다. 눈에 띄는 이점은 없다고 해도 이 활동은 학생들이 잘 사용하지 않는 쪽의 뇌를 자극시켜 줄 수 있으며, 이 활동을 직접 하는 학생도 그 모습을 지켜보는 학생도 재미있을 것이다.

깊게 천천히 호흡하기

📖 학생들에게 코로 몇 번 숨을 깊게 들이마신 후 입으로 천천히 내뱉게 하거나 또는 그 반대로 해보게 한다. 학생들이 깊은 호흡, 몸을 정화하는 느낌을 주는 호흡을 할 수 있도록 교사는 온화한 목소리로 천천히 숫자를 세어 학생들의 심호흡 활동을 돕는다.

차례 1 교사가 천천히 넷을 셀 동안 학생들은 숨을 크게 들이마신다.
2 교사가 여덟을 셀 동안 학생들은 숨을 바닥까지 내쉰다.
3 두세 차례 진행한 뒤, 학생들이 1분 정도 평화로운 침묵의 시간을 즐기도록 한다.

콧노래 부르기

콧구멍에 인접해 있는 동굴 같은 뼛속 공간으로서 공기가 차 있는 부위가 있다. 이 부위는 부비강(sinus)으로서 먼지 등의 이물질과 분비물을 배설하며 호흡을 통해 들어온 공기를 적정한 온도로 변화시켜 환기한다. 이 부위의 환기가 제대로 되지 않을 경우 목감기나 축농증과 같은 질병으로 이어지기 쉽다.

한 연구(Weitzberg, & Lunderg, 2002)에 따르면 콧노래가 부비강 속에 있던 산화질소의 체외 배출을 원활하게 만든다. 이는 부비강 내 공기의 유통을 원활하게 하여 바이러스나 세균이 코안에 정착할 기회를 줄인다. 일상적인 호흡법으로는 산화질소 교환이 4퍼센트에 이르지만, 콧노래를 불렀을 때는 산화질소의 교환이 98퍼센트까지 이루어졌다.

산소가 부족한 혈액은 우리 뇌의 효율성을 떨어뜨린다. 그러므로 콧노래를 부르는 활동은 호흡기관의 효율성을 높여 뇌 기능을 최적화하고 집중도를 높이는 것이다.

📖 학생들과 '숨 한 번 들이마시고 콧노래 오래 부르기' 대회를 한다.

💬 차례 **1** 학생들은 숨을 충분히 들이마시고서 그대로 참는다. 교사가 시작 신호를 보내면 학생들은 '나비야'처럼 잘 알려진 동요를 콧노래로 부르기 시작한다.

2 콧노래를 부르는 중에는 한쪽 손을 들고 있게 하고, 호흡이 모자라 콧노래를 중지한 학생들은 손을 내리게 한다.

3 누가 가장 오래 콧노래를 부를 수 있는지 1, 2, 3위를 뽑는다.

호흡 타이밍 정하기

수업 중에 심호흡을 하는 시간을 정해놓으면 학생들이 수업의 과정과 순서를 예측할 수 있게 도와주는 효과가 있다. 예측 가능성이 높은 수업은 학생들을 보다 차분하게 만들고, 의식적으로 심호흡을 하면 혈액이 더 많은 산소를 공급받게 되는데 이렇게 산소가 풍부한 혈액을 공급받는 뇌는 학습에 필요한 기능을 더 쉽게 구동할 수 있다.

방법1 학생들이 소리 내어 책을 읽을 때, 페이지가 끝날 때마다 숨을 들이마시고 다음 페이지로 넘기면서 숨을 내쉬도록 한다.

방법2 활동을 전환하는 용도로 심호흡을 사용할 수도 있다. 학생들이 서서 어떤 활동을 하다가 마무리할 때 숨을 한 번 깊이 들이마시고 내쉰 뒤, 한 번 더 숨을 깊게 들이마시고 내쉬면서 자리에 앉게 한다.

혀로 빨대 만들기

차례 **1** 학생들에게 혀를 U자 모양으로 말아 빨대처럼 만들어보라고 한 다음 그 상태로 숨을 한두 번 쉬어보게 한다.

2 혀 빨대를 통해 날카롭게 숨을 "후후" 내쉬면서 책장을 넘겨 보거나 종이를 책상의 한쪽 끝에서 다른 쪽 끝으로 옮기게 한다.

혀를 빨대처럼 만드는 모습이 우스꽝스러워 보일 수 있지만, 바로 여기에 이 활동의 목적이 있다. 새로운 호흡의 효과뿐만 아니라 활동의 재미로 인해 상태변화가 용이하며, 혀를 둥글게 말지 못하는 학생도 있다는 사실을 알게 되어 유전학에 대한 흥미로운 과학수업으로 자연스럽게 연결시킬 수도 있다.

4 손에서 펜 놓기

원하는 만큼 만지작거리기

　많은 자극을 필요로 하는 학습자도 있고 그렇지 않은 학습자도 있다. 손으로 만지작거리거나 입으로 우물거릴 수 있는 작은 물건들(fidgets)은 학생들의 서로 다른 운동감각적 욕구를 충족시켜 줄 수 있다. 어린 학생들뿐만 아니라 성인들도 통화하면서 뭔가를 끄적거리거나, 누군가와 대화를 하면서 호주머니 속에서 동전을 짤랑거리곤 한다.

　소뇌(cerebellum)는 여러 종류의 학습, 특히 공간능력의 영향을 받는 수학과 같은 분야에서 중요한 역할을 하는데(Leggio et al., 2000), 소뇌에는 프로그램화된 신체운동들이 저장되어 있다. 따라서 손으로 무언가를 만지작거리는 익숙한 신체운동은 소뇌를 자극함으로써 학습에 도움을 줄 것이다.

　또한 자극의 양과 종류를 스스로 선택할 수 있다는 것은 학습자가 자신의 학습환경을 통제하는 권한을 가진다는 의미이다. 이는 학습에 대한 학습자의 열정과 관심을 끌어올리는 데 매우 긍정적인 영향을 미친다.

🔋 학생들이 자리에서 조용히 만지작거릴 작은 물건들을 준비한다.

방법1 손가락 인형, 고무줄이 달린 공, 젤리 재질의 공, 걱정을 덜어주는 돌과 같이 질감이 독특하고 재미있는 작은 물건을 아이들이 갖고 있는 것에 대해 지나치게 제지하지 않는다.

방법2 만지작거릴 물건들을 학습자 모두에게 교사가 하나씩 나누어주는 것이 이상적이긴 하지만, 충분한 양을 상자나 가방에 모아 교실 한 쪽에 보관해두고 학생들이 필요할 때 꺼내 사용하게 할 수도 있다.

🔋 다양한 맛과 질감을 지닌 과자나 사탕, 초콜릿을 준비하자. 이는 운동 감각적 상태변화를 일으켜 구강 자극을 필요로 하는 학생들에게 만족감을 줄 것이다.

손 자극하기

반복적인 대근육운동과 함께 촉각적 자극을 주는 빠른 상태변화를 원한다면, 손을 집중적으로 자극하는 것이 효과적이다.

방법1 교사가 열까지 셀 동안 학생들은 양 손바닥을 있는 힘껏 아주 빠르게 비빈다.

방법2 손가락 관절까지 함께 손 전체를 비빈다.

방법3 교사가 열까지 셀 동안 손가락으로 드럼을 치듯 빠른 속도로 책상을 쳐본다.

그림자 박수

교사가 아주 빠른 속도로 박수를 여러 번 치면, 학생들은 거의 동시에 메아리 치듯 박수를 따라서 친다. 이 활동의 목표는 교실 안의 모든 사람들이 정확히 동시에 멈추는 것이다. 예를 들어, 교사가 정확히 아홉 번 박수를 치면 학생들은 마치 한 사람이 치는 박수처럼 교사의 박수를 똑같이 따라 친다.

이렇게 빠른 속도를 내는 활동은 대근육의 반복운동을 가능하게 할 뿐만 아니라 학생들의 주의 집중을 유도하는 효과적인 방법이다. 속도경쟁이 치열해질수록 학생들의 집중도와 활동에 대한 선호도는 더 높아질 것이다.

마법의 숫자 7

📖 교사가 일정 패턴으로 박수를 일곱 번 치고 학생들에게 따라 치게 한다. 아래 세 종류의 박수를 한 가지씩 시도해도 좋고, 세 가지 박수를 순서대로 멈추지 말고 한 번에 치게 해볼 수도 있다. 교사가 새로운 박수를 만들어보는 것도 좋으며, 재치 있는 학생이 즉흥적으로 새로운 박수를 만들어 활동을 주도하게 해도 좋다.

방법1 빠르게 일곱 번 박수 치기

방법2 양 손으로 무릎, 박수, 무릎, 박수, 무릎, 박수, 무릎 치기

방법3 양 손으로 무릎, 박수, 책상, 박수, 무릎, 박수, 책상 치기

내 말이 들리면

📖 교사들이 예전부터 해왔던 오래된 상태변화 활동이다. 교사는 "내 말이 들리면, 박수 한 번 치기!"라고 말한 후 학생들의 반응을 잠시 확인한다. 이 활동의 흥미로운 점은 수업장면에 아주 짧고 간단한 활동을 추가하여 수업에 굉장히 긍정적인 효과를 가져다준다는 점이다.

방법1 "내 말이 들리면, 박수 두 번 치기!"처럼 박수의 횟수를 바꾸어 몇 차례 연속으로 진행하면 주의 집중 효과가 좋다.

방법2 "내 말이 들리면 박수 두 번 치고, 우~하며 야유 소리 내기!"라거나, "내 말이 들리면 한 손은 머리 위에, 다른 손은 무릎 위에 두기!" 등 다양한 움직임을 섞어 재미있게 응용할 수 있다.

5 교사의 목소리 · 말의 힘

뇌과학 링크 ▶▶▶

인간은 새로움과 의외성을 추구하고 이에 반응하도록 설계되어 있다. 우리의 뇌는 인지적 과업을 수행할 때 예기치 못한 상황에 특별히 관심을 보이며 즉각적으로 반응한다(Berns et al., 1997). 놀라울 만큼 변화가능한 인간의 목소리를 다양하게 변화시켜 학생들이 수업시간에 청각적 의외성을 느끼게 하자.

활동 1 목소리 변화시키기

말하는 속도, 목소리 크기, 음색(비음이나 가성 같은 목소리 특성), 높낮이를 변화시키면서 말한다. 글을 쓸 때 볼드체나 이탤릭체를 사용하여 요점이나 새로운 단어를 강조하는 것처럼 말을 할 때에도 목소리에 변화를 주어 강조하는 효과를 낼 수 있다.

방법1 중요한 단어나 구, 새로운 개념어를 가르칠 때 목소리를 이용해 강조할 수 있다. 강조할 부분의 전이나 후에 잠깐 말을 멈추거나 천천히 말하거나 그 순간만 목소리를 다르게 내어 말한다.

방법2 유명인을 흉내내본다. 우스꽝스럽거나 완벽하지 않아도 상태변화 효과는 분명하다.

방법3 열정을 담아 학생들의 감정에 가 닿도록 내용을 실감나게 읽어준다.

긍정적인 확언의 힘

교실에서 사용되는 "잘 했어요", "앞으로도 계속 잘 하자", "훌륭한데!"와 같은 긍정적인 확언(positive affirmation)은 주로 교사가 학생에게 하는 경우가 대부분이다. 그러나 교사와 학생들이 정기적으로 긍정적인 확언을 해주어 서로 지지하고 격려하는 환경을 조성하면 학생들에게 매우 긍정적이고 강력한 영향을 미칠 수 있다. 긍정적인 확언은 협력적인 교실 분위기를 만드는 데 효과적이다. 다운시프팅을 경험한 학생들은 생존과 직접적인 연관성이 있는 것 외에는 집중하기 힘들어 하는데, 긍정적인 확언으로 칭찬을 주고받으면 학생들의 다운시프팅 충동이 방지되고 상호 신뢰적이며 우호적인 수업분위기가 조성된다.

📖 모둠활동이나 짝활동을 할 때 긍정적 확언으로 활동을 시작하거나 마무리하면 좋다.

방법1 짝을 향해 돌아서서 짝에게 하이파이브를 하고 "멋진 생각이야!"라고 말한다.

방법2 짝을 향해 돌아서서 악수를 나눈 뒤 "넌 정말 대단해!"라고 말한다.

📖 학생들이 서로 긍정적인 확언을 할 때, 몸동작과 함께하도록 하면 말하기를 머뭇거리던 학생들도 쉽게 참여할 수 있다. 학생들에게 창의력을 발휘해 몸동작을 만들어보게 한다. 즉석에서 브레인스토밍하여 모두가 함께할 동작을 만들어 사용해도 좋다.

활동 3 카운트다운

📖 카운트다운은 신속한 상태변화가 필요하거나 아이들을 다시 집중시켜야 할 때, 또는 휴식시간을 알릴 때 반 전체 학생들이 동시에 큰 소리로 5부터 거꾸로 세거나 1부터 위로 세어 상태변화를 유도하는 활동이다.

방법1 아주 낮은 목소리로 시작해서 점점 톤을 높인다.

방법2 아주 빠른 속도로 혹은 느린 속도로 세거나 코를 막고 코맹맹이 소리로 숫자를 센다.

방법3 모둠별로 알파벳을 거꾸로 말하게 하는 변형활동을 할 수도 있다.

방법4 과자 이름, 만화캐릭터 이름, 자동차 모델명, 애니메이션 영화 제목 등을 교사가 10부터 거꾸로 세는 동안 열 개 말해보도록 하는 변형활동을 할 수 있다.

활동 4 여기를 보세요

학생들의 주의를 빠르게 교사에게 집중시킬 수 있는 매우 효과적인 방법이다. 이 활동은 교사가 큰 목소리로 활기차게 진행할수록 성공적이다.

📖 교사는 교실 천장을 가리키면서 활기차고 큰 소리로 "천장을 보세요"라고 말한다. 곧바로 "(왼쪽을 가리키며) 이쪽을 보세요", "(오른쪽을 가리키며) 저쪽을 보세요", "이번엔 선생님을 보세요!"라고 외친다. 이렇게 아이들의 시선이 교사에게 향하면 곧바로 학습내용을 이야기 한다.

대답 유도하기

대답 유도하기는 교사가 학생들에게 구체적인 대답을 요구하는 질문을 함으로써 학생들의 반응을 유도하는 활동을 말한다. 우리의 뇌는 어떠한 정보를 찾도록 지시를 받으면 그 정보에 대해 더 집중하고 더 잘 알게 된다. 규칙적으로 대답 유도하기 활동을 하면 학생들의 뇌는 새로운 정보를 기대하고 준비하는 습관을 가지게 된다. 또한 대답 유도하기 활동을 교실에서 일상적으로 사용하면 수업활동의 예측가능성이 높아짐으로써 학습실패의 가능성을 더욱 낮출 수 있다.

🔋 대답 유도하기 활동은 중요한 어휘를 강조할 때 사용할 수 있다.

방법1 수업내용 중 핵심개념을 강조하고자 "새로운 신경세포를 만들어내는 과정을 신경생성이라고 합니다. 뭐라고 한다고요?"라고 묻는다. 학생들이 "신경생성이요"라고 대답할 것이다.

방법2 지시한 내용을 다시 한 번 확인하고자 "10분 동안 휴식시간을 갖겠어요, 몇 분 동안이라고요?"라고 묻는다. 그러면 학생들은 "10분이요"라고 대답할 것이다.

🔋 대답 유도하기 활동은 학년 초에 학생들의 유대감을 높이는 마중물 역할을 할 수 있다.

방법1 교사는 짝끼리 서로 바라보게 한 뒤 "짝의 손, 눈동자, 머릿결 중에 가장 아름다운 것은?", "짝이 오늘 급식에서 가장 맛있게 먹은 반찬은 무엇일까?"와 같은 질문을 한다.

방법2 각 모둠에 작고 예쁜 공을 하나씩 주고 서로에게 질문을 주고받게 한다. 공을 가진 사람은 한 친구를 지정하여 공을 넘기고 그 친구에게 궁금한 점을 하나 묻는다. 공을 받은 학생은 대답을 한 뒤, 자신이 질문자가 되어 다른 친구에게 공을 넘기고 그에게 궁금한 점을 묻는다.

6 좌우교차 활동

뇌과학 링크 ▶ ▶ ▶

우리의 뇌는 좌·우 두 개의 반구로 나누어져 있으며, 좌우 반구
는 뇌량(corpus callosum)이라는 신경섬유다발로 연결되어 있다. 우
리 몸의 정중선(midline)*을 시각적 또는 운동감각적으로 교차하는
활동을 좌우교차 활동(cross-lateral activities)이라고 부르는데, 이 활동
은 뇌 발달에 이로운 영향을 미친다. 이러한 활동은 좌우 반구 사이
의 의사소통을 원활하게 하고 주의체계를 활성화한다.

하루에 15분씩 좌우교차 활동에 참여한 초등학교 3학년 및 5학
년 학생(미국 기준) 중 약 55퍼센트의 학생들이 표준화검사에서 읽
기점수가 향상되었다(Koester, 2001).

좌우교차 활동을 포함해 인체의 정중선을 교차하는 다음의 활동
들은 소근육 운동기능(fine-motor skill)에 영향을 주는 것으로 나타났
다(Smits-Engelsman, Van Galen, & Michelis, 1995). 좌우교차 활동에 참여
한 학생들은 쓰기 및 지시하기(pointing)와 같은 운동기술에서 좀 더
정확성이 높았다. 따라서 좌우교차 활동은 상태변화를 일으키는 데
탁월한 활동일 뿐만 아니라 소근육 운동기능 등 학생들의 신체기능

---

* 정중선 포유류의 신체 좌측과 우측을 구분해 주는 가상적인 중심선(옮긴이).

을 발달시키는 데 도움을 줄 수 있다. 또한 좌뇌와 우뇌 사이의 상호작용을 늘리는 데에도 도움을 줄 수 있다. 다음 활동들의 일부는 『브레인짐(Brain Gym)』(Dennison, 1989)의 활동을 변형한 것이다.

활동 1

눈과 코 교차하기

차례

1 왼손으로 코를 잡는다.

2 오른손으로는 코를 잡고 있는 왼손을 지나 왼쪽 귀를 잡는다.

3 이번에는 반대로 오른손으로 코를 잡고 왼손으로 오른쪽 귀를 잡는다.

4 이 활동을 몇 번 반복한다.

5 일어서서 활동을 한 번 더 해도 좋다.

방법1 누가 가장 빠르게 손을 바꿔 가며 코와 귀를 잡을 수 있는지 시합을 벌인다.

방법2 음악을 틀고 그 리듬에 맞춰서 활동을 진행한다.

방법3 왼손, 오른손 위치를 바꿀 때 중간에 박수를 치는 활동을 추가한다.

엄지와 검지 교차하기

 차례 **1** 한 손은 검지를 든다.

2 다른 손으로는 엄지를 든다.

3 양손에 들고 있던 손가락을 동시에 빠르게 바꾼다. 즉, 검지를 들고 있던 손은 엄지를 들고, 엄지를 들고 있던 손은 검지를 드는 것이다.

4 이 활동을 몇 번 반복한다.

5 누가 엄지와 검지를 가장 빠르게 바꿀 수 있나 시합을 한다.

귀 바꿔 잡기

학생들에게 자신의 양 귓불을 잡고 부드럽게 마사지한 뒤 양 귓불을 잡았던 손을 반대로 바꿔 잡게 한다. 오른손으로 왼쪽 귓불을, 왼손으로 오른쪽 귓불을 잡게 하여 부드럽게 마사지하면 간단하게 좌우교차 활동의 효과를 불러일으킬 수 있다.

특히 귓불은 신경 자극을 일으키는 접점으로 알려져 있어 침술 등 다양한 분야에서 중요하게 다루는 신체 부위이다(Oleson, 2002). 이렇게 귓불과 관련된 활동은 상태변화 효과가 있을 뿐 아니라 치료용 마사지 활동의 효과도 있다.

몸으로 꽈배기 만들기

📖🔋 몸의 여러 곳을 좌우교차시켜 몸을 꽈배기 과자처럼 만들어본다. 학생들은 서로의 모습을 바라보고 따라하면서 재미있고 활력 넘치는 상태로 변화될 것이다.

차례 1 자리에서 일어선다.

2 양손을 앞으로 나란히 하고, 손바닥을 서로 마주 보도록 한다.

3 손목을 서로 교차시켜 엑스(X)자 모양을 만든다.

4 그 상태에서 다시 손바닥을 서로 마주 보게 한 뒤 손가락으로 깍지를 낀다.

5 깍지 낀 손을 몸 안쪽으로 당긴 후 위로 돌려 바깥쪽을 향하게 한다.

6 발목이나 무릎에서 다리를 꼰다.

7 혀를 입천장에 편안히 대고 코로 세네 번 정도 심호흡을 한다.

8 깍지 낀 손을 풀고 털어준다.

📖🔋 두 사람씩 짝을 지어 꽈배기 게임을 할 수도 있다.

방법1 한 명이 몸을 꽈배기처럼 만들면, 다른 한 명이 꽈배기처럼 꼬여 있는 친구의 손가락 하나를 짚는다. 그러면 몸을 꼬고 있던 학생은 그 손가락을 움직이는 데 성공해야 한다.

방법2 몸을 꽈배기처럼 꼬고 있는 학생의 눈을 감게 한다. 그런 뒤 다른 학생이 눈을 감고 있는 친구의 손가락 하나를 만지면 그 손가락을 들어올리는 데 성공해야 한다.

제자리 행진

📖 제자리걸음을 하며 다리와 손을 좌우교차하는 활동이다. 실외에서뿐만 아니라 교실 안에서도 책상 바로 옆에 서서 간단히 활동할 수 있다. 교사가 '하나, 둘, 셋, 넷' 하고 숫자를 세면서 활동을 진행한다.

방법1 자리에서 일어서서 제자리에서 천천히 행진하듯 걷는다. 이때 올라오는 무릎을 반대쪽 손으로 두드린다. 왼쪽 무릎이 올라오면 오른손으로 한 번 치고, 오른쪽 무릎이 올라오면 왼손으로 친다.

방법2 발뒤꿈치가 뒤로 올라가도록 걷는다. 이때 올라오는 오른발 뒤꿈치는 왼손으로, 왼발 뒤꿈치는 오른손으로 치면서 걷는다.

방법3 위에 제시된 방법 두 가지를 연속동작으로 진행한다. 즉, 양 무릎을 올리며 걷는 동작과 발뒤꿈치를 뒤로 올리며 걷는 동작을 한 세트로 진행한다.

📖 음악을 틀어 놓고 활동을 진행하면 학생들은 음악의 박자에 활동 속도를 맞출 것이므로 진행이 용이할 것이다. 음악의 속도를 점점 높이면 학생들이 더욱 재미있게 활동할 수 있다.

사다리 올라가기

📖 학생이 앉아서 혹은 책상 옆에 서서 마치 사다리를 타고 올라가는 것처럼 실감나게 몸동작을 하도록 하자.

방법1 교사는 가상의 상황을 설정하여 학생들에게 과제를 준다. 예를 들어 "오른손으로 왼쪽 어깨 저 너머에 있는 사과를 따보자", "오른쪽에서 날아오는 나무덩굴을 왼손으로 낚아채보자", "왼발 아래 뱀이 나타났다. 오른발로 뻥 차보자", "바람이 세게 불어 온다! 사다리를 꽉 잡고 계속 올라가보자" 등의 이야기를 할 수 있을 것이다.

방법2 모둠별로 상대 모둠에게 재미있는 상황을 설정해주도록 한다.

눈 돌리기

차례 **1** 자리에서 일어선다.

2 오른팔을 몸 앞으로 뻗어 주먹을 쥐고, 엄지손가락만 위로 든다. 엄지손가락을 그대로 코 앞에 가져온다.

3 머리는 움직이지 않고 시선은 정면을 향한다. 엄지손가락을 가로로 크게 숫자 8을 그리며 움직인다. 이때, 8자가 몸 중앙을 중심으로 하여 크게 그려지도록 한다.

4 머리는 움직이지 말고 엄지손가락을 따라 눈을 굴린다.

5 이 활동을 몇 번 반복해보자.

6 양팔을 번갈아 가면서 해보거나 한쪽 눈을 감고 해본다.

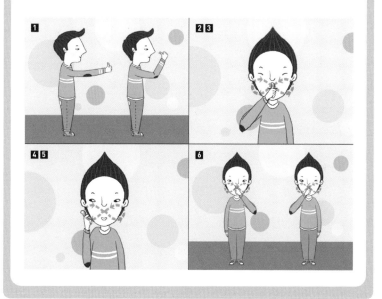

6 좌우교차 활동

제자리 앉기
사다리 올라가기 · 눈 돌리기

7 수업을 도와주는 대근육운동

뇌과학 링크 ▶▶▶

우리의 관절은 각각 자기수용성 감각(proprioception sense)˚을 갖고 있다. 이 감각은 신체가 어떻게 움직일지 결정하고, 그 움직임을 계속 파악하도록 기능한다. 예를 들어, 우리는 자기수용성 감각 덕분에 눈을 감고서 불편함 없이 코를 만질 수 있다. 이 감각이 잘 발달되지 못한 학생은 대근육운동을 할 때 어색한 행동을 보인다. 넓은 공간에서 길을 찾아가는 능력이 떨어지는 사람은 책의 페이지처럼 훨씬 더 제한된 공간 안에서는 내용을 찾는 능력이 더 떨어진다.

전문 작업치료사˚는 대근육운동을 이용한 활동들로 자기수용성 감각을 자극한다. 즉 밀기, 당기기, 들어올리기 등의 활동으로 자기수용성 감각을 자극할 수 있다는 것이다(Kranowitz, Szklut, Balzer-Martin, Haber, & Sava 2001). 다음 활동들은 자기수용성 감각을 발달시킬 뿐 아니라 수업 중에 상태변화를 일으킨다.

• 자기수용성 감각 자신의 신체 위치, 자세, 평형 및 움직임, 운동의 방향, 통증 등 몸에서 일어나는 감각(옮긴이).
• 작업치료사 임상병리사, 방사선사, 물리치료사와 같은 의료기사의 일종이다. 의학적 재활에 필요한 전문직으로서 의사의 처방에 근거하여 적절한 작업활동을 통해 환자의 응용동작능력이나 사회적응능력을 회복시킨다(옮긴이).

의자 이용해 운동하기

📖 의자를 역기처럼 들어올리게 할 수 있다.

차례 ① 학생들이 자리에서 일어나 각자의 의자 뒤에 선다.
② 의자를 머리 위로 들고 버틴다.
③ 공간이 확보되어 있고 학생들의 체력에 큰 부담이 되지 않는다면 교사는 학생들이 의자를 들고 책상 주위를 걷거나 대여섯 번 앉았다 일어서게 한다.

📖 짝 활동으로 의자를 지지하여 팔굽혀펴기를 하도록 할 수 있다.

차례 ① 두 학생은 의자 하나를 사이에 두고 자리에서 일어나 서있는다.
② 한 학생은 의자 뒤에서 의자가 흔들리지 않도록 힘주어 잡는다.
③ 다른 학생은 의자를 마주보고 선 뒤, 의자의 좌판 부분을 잡고 팔굽혀펴기를 한다.
④ 30초 정도 팔굽혀펴기를 지속하게 한 뒤, 서로 역할을 바꾸어 같은 활동을 한다.

벽에 대고 스트레칭 하기

📖 학생들이 자리에서 일어나 벽을 따라 적절한 공간을 두고 서게 한 후, 벽에 손을 대고 선 채로 스트레칭 하게 한다.

방법1 한 손을 벽에 대고 팔굽혀펴기를 한다. 한쪽씩 한 뒤, 양손을 대고 팔굽혀펴기를 한다.

방법2 양손을 벽에 댄 채 왼쪽으로 몸을 뒤틀게 하고 오른쪽으로도 몸을 뒤틀게 한다.

방법3 왼발을 앞쪽에 위치시키고 양손을 벽에 댄 뒤, 오른쪽 다리는 쭉 편 채로 왼쪽 무릎만 굽힌다. 양발의 뒤꿈치가 바닥에서 떨어지지 않도록 하면서 몸을 앞으로 기울인다. 발을 바꾸어 같은 방법을 반복한다.

8 새롭고 신선한 신체활동

걷기나 껌씹기처럼 습관적인 움직임은 대부분 잠재의식 수준에서 이루어진다. 즉, 특별히 새로운 활동은 아니라는 것이다. 우리의 뇌는 새로운 종류의 신체활동을 할 때 그 자극에 몰입한다. 뇌는 기억에 의존하여 자극에 반응하는데, 새로운 자극은 그것에 적절히 대응시킬 만한 기억이 없기 때문이다. 새로운 자극이 들어오면 뇌의 전전두피질(prefrontal cortex)과 전두피질(frontal cortex) 뒤쪽 약 2/3부분이 활발히 활동하기 시작한다. 이는 문제해결, 계획수립, 새로 학습할 내용의 순서배열과 같이 고차원적인 사고능력을 발휘할 때 주로 사용되는 뇌의 부분이다(Calvin, 1996).

이외에도 처음 해보는 신체활동은 수업에 다양한 이점을 낳는다. 앞에서 언급했듯이 뇌는 지속적인 혈액의 유입을 통해 산소와 영양소를 공급받는데, 새로운 활동이 혈액을 뇌의 여러 부분에 더 활발히 유입되도록 한다는 사실이 밝혀졌다(Tulving, Markowitsch, Craik, Habib, & Houle, 1996).

또한 이러한 신체활동은 당면한 과제에 대해 학생들이 호기심과 흥미를 갖도록 뇌를 자극한다(Berlyne, 1960). 교사는 수업내용에 학생들이 호기심을 보이길 원하기 마련인데, 새롭고 의외성 넘치는 활동들이 주는 자극은 바로 그런 효과를 가져다준다.

다음 활동들은 학생들의 상태변화를 야기함은 물론이고 앞에서 언급한 이점들도 가져다줄 것이다.

활동 1 의자 서핑

비치보이스의 〈서핑 사파리(Surfin' Safari)〉와 같은 서핑 관련 노래를 틀어놓고 학생들이 의자 위에 서서 마치 서핑을 하는 것처럼 자세를 취하게 한다. 의자 위에서 하는 게 적절하지 않은 상황이라면 바닥에서 해도 좋다. "저기 큰 파도가 몰려오고 있어요. 자, 점프 준비하시고…"와 같은 말을 하면서 서핑을 할 때 일어날 만한 상황에 반응하도록 하여 활동을 더욱 흥미롭게 할 수 있다.

활동 2 손발 따로 움직이기

양손을 따로 움직이게 하거나, 손과 발을 따로 움직이게 하는 활동은 학생들의 순간적인 집중력을 높이고 신선한 재미를 준다.

방법1 왼손은 삼각형을, 오른손은 사각형을 동시에 그리게 한다.

방법2 오른발을 시계 방향으로 천천히 돌리면서 동시에 오른손은 허공에 숫자 6을 그리도록 한다.

방법3 왼발로 땅에 이름을 쓰면서 오른손으로는 동시에 삼각형을 그리게 한다.

눈썹올림픽

📋📖 두 눈썹을 최대한 빨리 들어올렸다 내리게 한다. 또 양 눈썹을 번갈아 빠르게 들어올렸다 내리게 한다.

📋📖 학생들이 '눈썹올림픽'에 출전한 것처럼 최대한 멋지게 눈썹을 움직인 상태에서 멈춰 있게 한다. 이 모습을 학생들이 서로 보도록 한다.

신체 부위로 이름쓰기

📋📖 자리에서 일어나 한쪽 발을 앞으로 약간 내민 상태에서 균형을 잡고 서게 한다. 그리고 앞으로 내민 발의 발목을 원하는 방향으로 돌리면서 팔꿈치로 자신의 이름을 쓰게 한다.

📋📖 팔꿈치 외에 코와 같은 다른 신체 부위를 이용해 이름을 써보게 한다. 활동을 더욱 어렵게 하려면 한쪽 발을 돌리면서 반대쪽 신체 부위를 이용해 이름을 쓰게 한다.

표정퀴즈

📖 학생들을 몇 개의 모둠으로 나눠 앉히고 술래가 표정으로 드러내는 감정이 어떤 것일지 다른 모둠원들이 맞추게 한다.

💬차례

1 교사는 수업 전에 감정카드를 준비한다. 각 카드에는 두려움, 걱정, 궁금함, 우쭐함, 놀람, 화남, 기쁨, 승리감, 즐거움 등의 감정을 적는다. 표현하기 다소 어려운 감정에는 2-5점을 부여하고 표현하기 쉬운 감정에는 1점이라고 적어 넣는다.

2 각 모둠에서 감정카드의 단어를 얼굴 표정으로 드러낼 술래를 한 명 뽑는다.

3 5분의 제한시간을 주고 술래가 얼굴 표정으로 표현하는 감정을 모둠원들이 맞춘다. 맞춘 감정카드의 점수가 10점에 이르면 그 모둠은 제한시간이 끝날 때까지 쉴 수 있다. 10점을 빨리 채우는 순서로 모둠 순위를 매겨도 좋다.

전두엽은 서서히 발달하여 완전히 성숙하는 데 수년이 걸린다. 그렇기 때문에 전두엽이 주관하는 감정 조절능력은 사춘기 이후까지도 온전히 제 기능을 수행하지 못한다(Sowell, Thompson, Holms, Jernigan, & Toga, 1999). 얼굴 표정에서 감정을 읽어내는 능력 또한 전두엽에서 주관하므로 전두엽이 충분히 성숙하지 않은 어린 학생들은 이 활동을 어려워할 수 있다. 그런 면에서 이 활동은 상태변화 효과 및 재미뿐만 아니라 인간의 의사소통에서 매우 중요한 얼굴 표정 읽기능력을 개발하는 데 도움을 줄 수 있다는 점에서도 특별한 의미를 지닌다.

유쾌하고 유머가 넘치는 교사는
학생들이 학교에 오는 것을 즐겁게 만들고
즐거운 수업으로 교육의 효과를 증대시킨다.
실제로 한 연구에서 학생이 교사를 재미있다고 느끼는 정도와
교육효과 사이에 직접적인 연관이 있음이 밝혀졌다.

3장

활력을 불어넣는
수업활동

1 재미있게 모둠 만들기

뇌과학 링크 ▶▶▶

교실에서 학생들에게 활력을 불어 넣으려면 어떻게 해야 할까? 뇌 연구의 선구자인 마리안 다이아몬드(Marian Diamond)는 수업활동의 상당 부분을 또래와 함께하는 활동에 할애할 것을 추천한다(Diamond & Hopson, 1998). 한 연구에 따르면 초등학생의 학습동기는 기본적인 심리적 욕구가 충족되는 정도에 따라 결정된다고 한다(Glasser, 1986). 협동학습(cooperative learning)은 학습동료 간의 지원을 통해 학생들의 학습의욕을 상승시킨다. 학업성취도를 높이는 협동학습은 비교적 실행하기도 쉽고 비용도 많이 들지 않는다. 또한 협동학습의 효과로 학습자들의 행동 개선, 출석률 향상, 학교를 다니는 즐거움의 증대 등을 들 수 있다(Slavin, 1987).

협동학습을 통해 학생들은 모든 학습 수준에서 성취감을 맛볼 수 있다. 협동학습을 하는 모둠 안에서 학업성취도가 낮은 학생도 모둠활동에 기여를 하면서 똑같이 성취감을 맛볼 수 있다. 학생들은 어떤 개념을 다른 사람에게 설명함으로써 이에 대한 이해도를 높이기도 한다.

즐거운 수업과 유쾌하고 유머가 넘치는 교사는 학생들이 학교에 오는 것을 즐겁게 만들고 교육의 효과를 증대시킬 수 있다. 실제로 한 연구에서 학생이 교사를 재미있다고 느끼는 정도와 교육효과 사이에 직접적인 연관이 있음이 입증되었다(Adamson, O'Kane, & Shevlin, 2005).

모둠을 구성하는 과정 자체를 재미있는 활동으로 진행해보자. 그렇게 하면 학생들의 상태변화를 유도할 수 있을 뿐만 아니라 웃음을 끌어내어 혈류 속에 더 많은 산소를 공급할 수도 있게 된다. 성공적으로 모둠을 만드는 몇 가지 방법을 소개한다.

역할놀이로 모둠 만들기

📖 학생들은 본인이 지지하는 인물이나 역할을 선택하고 수업시간에는 같은 것을 선택한 사람끼리 한 모둠을 꾸리도록 한다.

방법1 국어시간에는 수업시간에 읽을 소설이나 희곡의 인물 중 본인이 지지하는 인물을 중심으로 모둠을 구성한다. 그리고 그 인물의 입장을 변호하는 수업활동으로 자연스럽게 이어 나간다.

방법2 사회시간에는 특별한 사회문제에 대해 서로 대치점에 서 있는 몇 가지 입장을 나열하고 학생들이 한 가지를 선택하게 한 뒤 그것을 중심으로 모둠을 구성한다. 예를 들어, 쓰레기 처리장 건립 문제에 있어서 지역 주민, 행정부 직원, 지역구 국회의원, 그 지역에 살고 있는 고라니(생태계)와 같은 서로 다른 입장을 나열하고 고르게 하여 찬반토론이나 토의로 자연스럽게 이어 나간다.

좋아하는 대상으로 모둠 만들기

📖 다섯 장의 쪽지에는 닭, 또 다른 다섯 장의 쪽지에는 소를 적는 방식으로 쪽지에 이름을 써서 학생들에게 나눠준 뒤, 같은 이름이 적힌 쪽지를 가진 학생들끼리 한 모둠을 이루게 한다.

📖 학생들에게 나눠줄 물건들을 무작위로 많이 준비해두면 좋다. 서로 다른 모양의 자석을 학생들이 쉬는 시간 동안 하나씩 집어가도록 하고, 수업 시작할 때 같은 모양의 자석을 집은 사람끼리 하나의 모둠을 만들도록 한다.

📖 교사는 미리 드라마나 영화 속 주인공들을 종이에 적어둔다. 예를 들면, 만화영화 〈안녕 자두야〉의 등장인물 '자두', '미미', '딸기', '선돌'을 적는다. 같은 캐릭터를 뽑은 학생들이 한 모둠이 되는데, 이것은 학생들이 특히 즐거워하는 방법이다.

이 방식은 교사가 쪽지를 준비하는 약간의 준비작업만 하면 모둠의 개수나 각 모둠 구성원의 수를 교사 의도대로 정하면서, 혼란 없이 빠르게 다수의 학생을 모둠으로 재배치할 수 있게 해준다.

2 깜짝 모둠 만들기

뇌과학 링크 ▶▶▶

수업을 시작할 때 호기심을 자극하고, 학생들을 깜짝 놀라게 하는 새로운 활동들을 사용하는 것이 효과적인 교수법임은 잘 알려져 있다(Small & Arnone, 2000). 새로움과 의외성이 가득하고 즉각적인 피드백과 동료간 상호작용이 이루어지는 환경은 학생들에게 풍부한 자극을 제공하는 이상적 학습환경이다.

또 이런 학습환경은 신경구조 및 행동의 변화를 가져온다. 특히 수상돌기의 성장(dendritic growth)이 빨라지고, 신경세포를 지지하고 보호하는 교세포의 생성이 이어지며, 신경세포가 새롭게 생겨난다(Van Praag, Kempermann & Gaga, 1999). 그러므로 다음에 소개하는 즐거운 모둠형성 활동들은 학습환경을 풍부하게 만들어 두뇌발달에도 도움을 줄 것이다.

침묵의 줄 서기

학생들이 서로 대화를 나누지 않고 몸짓만 사용하면서 조용히 줄을
서게 한다. 줄이 만들어지면 교사는 줄이 규칙에 따라 완성된 것인지
확인하고 순서대로 4-5명씩 모둠을 만들어준다.

방법1 머리카락의 길이가 긴 순서대로 또는 짧은 순서대로 줄 서기

방법2 국어사전 방식으로 이름이 앞에 있는 순서대로 줄 서기

방법3 새끼손가락 길이가 긴 순서대로 또는 짧은 순서대로 줄 서기

좋아하는 것을 찾아 움직이기

학생들은 좋아하는 것을 묻는 교사의 질문에 따라 교실 내에서 활발
하게 움직일 것이다. 교사가 목표한 모둠의 개수가 꾸려질 때까지 연
이어 새로운 질문을 제공한다.

방법1 좋아하는 휴가장소로 모둠 나누기: "놀이공원이 좋으면 (한 공간을
가리키며) 이쪽으로 오세요. 산이 좋으면 (다른 공간을 가리키며) 저
쪽으로 가세요. 바다가 좋으면, (또 다른 공간을 가리키면서) 저쪽으로
가세요." 라고 지시한다.

방법2 좋아하는 운동으로 모둠 나누기

방법3 좋아하는 음식으로 모둠 나누기

방법4 좋아하는 만화캐릭터로 모둠 나누기

학생들은 이 활동이 결국 모둠을 만드는 과정이라는 점을 미
처 깨닫지 못한 채 활동에 참여하게 된다는 점에서 특별한 즐
거움을 느끼며 상태변화를 겪게 된다.

3 학생들을 자리에서 일으키자

뇌과학 링크 ▶ ▶ ▶

활동적이고 신체적으로 건강한 아이는 많은 혜택을 누릴 수 있다. 활동적인 아이는 심혈관 질환의 위험 요소가 적고 관상동맥 심장질환이 발생할 확률도 낮은 편이다(Ross & Pate, 1987). 다리, 등, 복부 등과 같은 중심근육이 탄력 있게 잡혀 있지 않은 학생이라면 하루 내내 책상 앞에서 반듯하게 앉아 있기란 여간 힘든 일이 아닐 것이다. 그런 상황에서 눈앞에서 진행되는 수업을 집중하며 듣는 일은 굉장히 힘든 일일 것이다. 이러한 현상이 주의력결핍 과잉행동 장애인 ADHD로 보이게 하는 건 아닐까?

규칙적인 운동이 가져다주는 혜택은 더 있다. 달리기나 다른 유산소운동은 새로운 뇌세포를 증가시키는 '신경 생성'을 촉진한다는 것이 동물실험을 통해 입증되기도 했다(Van Praag, Christie, Sejnowsk, and Gage, 1999). 달리기와 같은 유산소운동을 규칙적으로 하면 뇌의 연료와도 같은 포도당 수치뿐만 아니라 배고픔을 억제하고 기분을 조절하는 신경전달물질인 세로토닌, 에피네프린, 도파민의 수치도 함께 상승한다.

운동은 뇌를 포함한 전신의 혈류량을 증가시킨다. 뇌 혈류량이 증가하면 뇌는 최적으로 기능하기 위해 필요한 산소와 영양소를 공급받는 데 유리하다. 이 장에서 소개하는 새롭고 신선한 활동들은 대뇌피질의 혈액량을 증가시키는 것과 연관성이 있는 것으로 밝혀졌으며(Peyton, Bass, Burke, & Frank, 2005), 학생들의 감정에 긍정적 영향을 미치고 그들이 집중할 수 있도록 돕는 역할을 한다. 이 활동들은 모두 재미있다. 이 활동들을 적용한 수업 내내 학생들의 웃음이 끊이지 않았을 정도이다.

수업자료를 재미있는 방식으로 제시했을 때 그렇지 않은 경우에 비해 학생들의 집중력과 기억력이 더 높아진다는 연구결과도 있다(Schmidt, 1997). 다음에 소개할 활동들은 수업내용을 직접 제시하는 것은 아니지만, 이를 사용하면 수업분위기를 조성하는 데 유머의 힘이 얼마나 큰지 실감할 수 있다. 또한 이 활동들을 통해 학생들은 친구들 사이의 유대감을 형성할 뿐만 아니라 학습한 내용을 머릿속에 입력하고, 배운 내용을 다시 기억하는 일도 보다 수월하게 할 수 있을 것이다.

삼각 꼬리잡기

차례 1 학생 4명씩을 한 모둠으로 만들어준다.

2 한 모둠당 3명씩 서로 손을 잡아 원을 만들고 셋 중 누가 '표적'이
될지 정하게 한다.

3 모둠에서 원 밖에 있는 한 명은 '표적'이 된 학생을 잡아야 하고,
'표적'이 아닌 2명의 학생은 '표적'을 보호해야 한다. 단, 원 모양이
깨지면 안 된다.

이 게임은 체육관 같은 넓은 공간을 필요로 한다. 실내공간
이 여의치 않으면 실외에서 하도록 한다.

오케스트라 지휘하기

교사는 차이코프스키나 모차르트의 음악을 틀어놓는다. 학생들을 일
어서게 한 후 몸을 이용하여 오케스트라를 지휘하듯 움직여보게 한
다. 교사는 다음과 같은 지시사항을 추가하며 활동을 진행한다.

방법1 왼손으로, 오른손으로, 양손으로 지휘하게 한다.

방법2 한 발로 지휘하게 한다.

방법3 머리로 지휘하게 한다.

경호원과 비밀요원

차례

1 교사가 무작위로 선발한 3명의 '술래'는 각자 마음속으로 친구 한 명을 자신의 적인 '비밀요원'으로 고른다.

2 3명의 술래는 자신의 '경호원'이 될 친구도 한 명 고른다. 술래들은 항상 자신과 자신이 고른 비밀요원 사이에 경호원을 두어야 한다. 재미있는 점은 비밀요원과 경호원의 정체는 그들을 선택한 학생 본인만 알고 있다는 것이다.

3 교사가 신호를 주면 모든 학생들은 교실공간을 돌아다녀야 하는데, 학생들은 술래 3명의 행동을 보면서 그들의 비밀요원과 경호원이 누구일지 관찰하여 맞춘다. 술래들은 경호원이 늘 자신과 비밀요원 사이에 있도록 움직여야 하므로 움직임에 제한이 따른다.

4 원형게임

학교시험이나 성적에 대해 고민을 많이 하는 학생들은 정신적, 신체적으로 건강에 부정적인 영향을 받는다는 연구결과가 있다 (Ashcraft & Kirk, 2001). 이번에 소개할 활동들은 학생들 간의 유대관계를 높이는 효과가 있으며, 그 결과 학교가 시험 때문에 자신들을 주눅 들게 하는 곳이 아니라 배움을 경험하는 긍정적인 공간이라는 것을 느끼도록 돕는다. 또한 이런 활동을 통해 학생들의 학습의지를 북돋우고 학교생활에 대한 긍정적 태도를 기를 수 있다 (Holloway, 2000).

과학자들은 신체활동의 수준과 심신의 상태 간에는 긍정적인 상관관계가 있다는 점을 밝혀냈다. 다시 말해, 학자들은 '걷기' 같은 대근육활동(gross-motor activities)이 기분을 조절하는 신경전달물질인 세로토닌을 생산하는 뉴런의 활동을 증가시킨다는 사실을 밝혀냈다(Jacobs & Fornal, 1997). 이것은 근육운동으로 인해 전기적 신호가 뇌로 입력되며, 마음의 상태에 긍정적 변화를 일으킨다는 것을 의미한다. 결과적으로 이런 연구결과가 주는 메시지는 교사로 하여금 학생들의 몸을 활발히 움직이는 수업을 하라는 것이다.

연구자들이 발견한 더욱 놀라운 사실은 몸을 많이 움직이는 아이들일수록 운동능력이나 학습능력에 대한 자신감도 높은 편이라는 것이다(Piek, Baynum, & Barrett, 2006). 이러한 연구결과를 교실현장에서 활용하면 학습자는 몸을 움직일 기회를 더 많이 얻어 운동능력을 향상시키고, 이로 인해 학습자 스스로 자신감을 회복하는 아주 훌륭한 부산물까지 얻게 된다.

수많은 연구에서 신체활동이 성적향상에 영향을 주는 것으로 드러난 바, 그중에서도 특히 수학영역의 능력 향상에 긍정적인 효과를 미치는 것으로 나타났다(Shephard, 1997; Shephard et al., 1984). 또 다른 연구에서는 신체활동을 통해 학습자의 집중력이 높아지고 읽기와 쓰기성적이 향상되었음이 보고되었다(Symons, Cinelli, James, & Groff, 1997).

활동 1 · 잡고 잡히는 손가락놀이

차례

1. 모든 학생들이 일어나 옆 사람과 어깨가 맞닿게 밀착하여 원을 만든다.

2. 왼손 손바닥은 위로 향하게 해서 본인의 왼쪽에 선 사람 앞으로 뻗는다.

3. 오른손 두 번째 손가락을 펴서 자신의 오른쪽 사람 앞에 손을 뻗고 있는 친구의 손바닥에 올린다.

4. 교사가 "시작!"이라고 외치면 학생들은 왼손으로는 왼쪽 사람의 손가락을 잡으려고 하고 오른손으로는 오른쪽 친구의 손에 잡히지 않기 위해 움직인다.

5. 손가락을 잡히지 않은 사람은 위기를 모면한 듯한 희열을 느끼고, 친구의 손가락을 잡은 사람은 환호성을 지르거나 손을 흔들어대면서 기뻐할 것이다.

이 활동을 변형하여 팔짱을 낀 상태에서 왼손을 오른쪽 사람 앞에 뻗고 오른손 두 번째 손가락을 왼쪽 사람의 손바닥에 올리도록 한 뒤 같은 방법으로 활동을 진행할 수 있다.

활동 2 · 눈치게임

6명에서 8명 정도의 학생들이 한 모둠을 만든다. 함께 원을 만들어 원 안쪽을 바라보고 선다. 서로 눈이 마주치지 않도록 고개를 숙이고 원 모양을 유지한 채 돌면서 누구부터든지 무작위 순서로 빠르게 1부터 숫자를 센다. 이때 두 사람이 동시에 같은 숫자를 외치거나 제일 마지막 숫자를 외친 사람이 열외된다.

활동 3 원 모양 유지하기

차례

1 모든 학생이 일어서서 원을 만든다. 학생들은 원의 중앙을 바라보는 상태에서 어깨가 맞닿을 만큼 좁게 서도록 한다.

2 학생들 모두 몸을 오른쪽으로 1/4 정도 돌려 서게 한다. 그러면 학생들 모두 왼쪽 어깨가 원 중앙을 향하게 된다.

3 그 상태에서 모두 양손을 앞 사람의 어깨에 살짝 올린다.

4 그대로 원 모양을 유지하며 걷는다. 이때 학생들은 가능한 한 좁은 간격을 유지하여 보폭을 최대한 줄인다.

5 마지막으로 원을 유지한 상태에서 천천히 뒷사람의 무릎에 앉게 한다. 이때 원 형태가 안정적이라고 확신하면 양손을 들어올리면서 환호성을 지르게 한다.

6 다시 양손을 앞 사람의 어깨에 올려 놓게 한 후, 교사가 신호를 보내면 동시에 상대의 무릎에서 벌떡 일어난다.

7 방향을 바꿔 몸을 왼쪽으로 돌려 원을 만들고 활동할 수 있다.

활동 4 판토마임 이어받기

차례

1 모둠이 원 모양으로 둘러선다. 지원하는 사람이 시작한다.

2 지원자는 우유 짜는 모습과 같은 쉬운 판토마임을 한다.

3 판토마임을 하고 있는 학생의 왼쪽에 있는 사람이 "뭐하고 있는 거야?"라고 질문을 한다.

4 판토마임을 하는 학생은 "팔 벌려 뛰기를 하고 있어"와 같이 다음 사람의 행동을 지정해준다.

5 대답을 들은 사람은 지정 받은 행동을 시작하고, 이때 첫 번째 사람은 행동을 멈춘다.

6 두 번째 사람의 왼쪽에 있는 사람이 "뭐하고 있는 거야?"라고 질문을 하면서 계속 활동을 이어간다.

잡고 잡히는 손가락놀이·눈치게임 | 원 모양 유지하기·판토마임 이어받기

4 원형게임

버즈피즈게임

대규모의 연구에서 교사들에게 학생들의 학업성취도를 최고로 높이는 교육법에는 어떤 것이 있는지 물어보았다(Langer, 2001). 그 결과 수업에 탁월한 교사들은 한 가지 수업법이나 수업형태를 취하기보다 다양한 수업기술을 사용한다는 것이 밝혀졌다. 아래와 같은 활동은 학생들이 예민하고 능동적으로 학습하도록 만들어주므로 학습지도의 새로운 접근법으로 활용할 만하다.

차례

1. 학생들에게 원을 만들어 원 안쪽을 보고 서도록 한 다음 왼쪽에서 오른쪽으로 돌아가며 1부터 숫자를 외치도록 한다.

2. 숫자 외치기가 끝나면 다시 처음에 시작한 사람부터 1부터 숫자를 외치는데 이번에는 5의 배수에는 숫자 대신 '버즈(buzz)'라는 소리를 내도록 한다. 가령 1, 2, 3, 4 다음에는 '버즈', 이어서 6, 7, 8, 9를 외치고 10을 외쳐야 하는 사람이 대신 '버즈'라고 외치는 것이다.

3. 이 활동을 조금 더 복잡하게 하기 위해서 단어를 하나 더 집어넣어보자. 예를 들어 5의 배수에는 '버즈'라고 외치고 7의 배수에는 '피즈(fizz)'라고 말하는 것이다. (1, 2, 3, 4, 버즈, 6, 피즈, 8, 9, 버즈)

4. '버즈'와 '피즈' 대신 다른 소리나 단어를 사용해서 게임을 할 수 있다. 자신이 외치는 숫자에 학생들이 너무 익숙해지면 시작하는 사람을 바꿔서 게임을 하면 된다.

변형하여 학생들을 소규모 모둠으로 만들어 원 안쪽으로 가까이 붙어 앉게 한 후, 빠르게 각자의 손가락을 내밀어 내민 손가락 수의 합이 홀수가 되도록 한다. 모든 사람이 최소한 손가락 하나는 꼭 내도록 한다.

전기게임

전기게임이라고 알려진 이 놀이는 학생들이 간단하게 둘러앉아 즐겁게 진행할 수 있는 좋은 활동이다.

차례

1. 교사를 포함해 모든 학생이 손을 잡고 원을 만들어 선다.

2. 교사가 자신의 오른쪽에 있는 학생의 손을 꽉 잡으며 "오!"라고 말하며 활동을 시작한다.

3. 신호를 받은 학생은 자신의 오른쪽에 있는 학생의 손을 꽉 잡으며 똑같이 "오!"라고 말한다.

4. 이런 방식으로 오른쪽 사람의 손을 잡으며 "오!" 소리를 전달해 다시 교사에게 순서가 돌아올 때까지 활동을 이어간다.

5. 교사에게 차례가 돌아오면 교사는 자신의 왼쪽에 있는 학생의 손을 꽉 잡으며 "아!"라고 말한다.

6. 왼쪽 방향으로 활동을 진행하면서 원을 한 바퀴 다 돌 때까지 계속한다.

두 번째 진행할 때는 교사가 "오!"를 외치며 한쪽 방향으로 활동을 시작할 학생과 "아!"를 외치며 반대 방향으로 활동을 시작할 학생을 거의 동시에 지정하여 이 활동을 더욱 재미있게 만들 수 있다. 활동 중 언제 두 소리가 겹쳐지는지 보는 것 역시 즐거울 것이다.

범블비게임

범블비(Bumblebee)는 원으로 앉아서 하는 게임이다. 학생들이 탁자에 둘러앉아서 할 수도 있고, 바닥에 양반다리를 하고 앉아서 할 수도 있다. 먼저 학생들에게 자신들 앞에 물건을 하나씩 놓도록 한다. 어른들의 경우 자동차 열쇠를 두게 하거나, 어린 학생들에게는 지우개 등의 학용품을 놓게 할 수도 있다. 학생들에게 "무릎, 박수, 범블비! 무릎, 박수, 잡고, 밀고!"라는 말을 반복하며 활동하게 한다. 처음에는 천천히 하다가 나중에 가서는 자연스럽게 속도를 붙인다.

방법
- 무릎 = 양손으로 무릎 혹은 탁자를 친다.
- 박수 = 박수를 한 번 친다.
- 범블비 = 범/블/비의 한 음절마다 손을 바꿔가며 무릎을 친다. '범'을 말하며 오른손으로 오른쪽 무릎을, '블'을 말하며 왼손으로 왼쪽 무릎을, '비'를 말하며 다시 오른손으로 오른쪽 무릎을 치는 방식이다.
- 잡고 = 오른손을 뻗어 자신의 왼쪽에 앉은 사람 앞에 있는 물건을 잡는다.
- 밀고 = 잡아온 물건을 자신의 앞으로 끌어다 놓는다.

게임을 하고 시간이 조금 지나면 방향을 바꾸어 이번에는 왼손을 뻗어 자신의 오른쪽 사람 앞에 있는 물건을 자기 앞으로 끌어당기게 한다.

전달게임

📗 학생들에게 원을 만들어 서도록 한다. 활동은 학생 한 명이 일정한 패턴의 박수를 치는 것으로 시작한다. 그러면 원에 있는 모든 학생들이 차례대로 한 명씩 그 박수패턴을 가능한 한 빠르게 따라 쳐야 한다.

📗 변형하여 박수 치기가 아닌 다른 행동을 따라하게 할 수도 있다. 예를 들어, 율동하기, 팔 움직이기, 동물 소리내기, 코를 킁킁거리기처럼 다양한 패턴이 있을 것이다.

📗 또 다른 변형 활동으로는 전달해야 할 행동을 계속 더해가는 방법도 있다. 첫 번째 학생이 고개를 끄덕이면, 다음 학생은 고개를 끄덕인 후 인사하듯 손을 흔드는 등의 다른 행동을 더 추가하며 나아가는 것이다.

5 침묵의 힘

뇌과학 링크 ▶▶▶

인간의 뇌는 학습한 것을 무의식중에도 처리하는데 여기에는 시간이 필요하다. 라디오를 들으면서 공부를 하는 것처럼 두 가지 종류의 일을 동시에 하는 멀티태스킹은 가능하긴 하지만, 이 경우 멀티태스킹은 뇌의 에너지를 분산시켜 뇌가 집중하는 데 방해가 되는 자극을 차단하는 능력을 떨어뜨린다. 새로운 것을 배울 때 뇌의 집중이 분산되면 학습과 관련된 뇌의 부위에 공급되는 혈류량이 감소한다(Fletcher, Shallice, & Dolan, 1998). 이는 교육자에게 던지는 중요한 메시지다. 교육자는 학습을 위해 학습자의 주의를 계속 끌 수도 있고, 학습자가 학습한 그 정보의 처리를 용이하게 하기 위해 침묵의 시간을 배려할 수도 있다. 실제 수업에서는 이 두 가지 활동이 동시에 일어나는 경우가 많지만, 이상적인 수업방식은 되지 못한다.

정보를 처리하고 교사의 질문에 구두로 반응하고 입력된 정보에 대해 충분히 생각하는 일에는 시간이 필요하다. 한 연구에서는 교사나 다른 학생들로부터 전혀 방해받지 않고 학생들이 정보를 완전하게 처리하는 고요한 시간을 '생각시간(think time)'이라는 개념으로 설정했다(Stahl, 1990). 이 연구결과는 어떤 자극이 학생들의 실제적 학습으로 연결되려면 최소한 3초 이상의 시간은 제공해야 한다는 점을 밝혀냈다.

활동 1 | 생각시간 갖기

이전에 습득한 정보를 뇌가 다 처리하지 않아 아직 장기기억으로 전환되지 못했을 때 새로운 정보를 추가로 제공하는 것은 새로 배울 것과 이미 배운 것 양쪽에 해로운 영향을 미친다.

📖 새로운 내용을 가르쳐준 후, 우선 교실 안을 조용히 만든다. 그리고 모든 학생들이 차분히 앉아 방금 들었던 수업내용 중 가장 중요한 부분을 생각하거나 쓰게 한다.

활동 2 | 음성 소거시간 갖기

뇌는 새로운 것에 반응한다. '침묵'은 교실에서 가장 신선한 일 중 하나이다. 평소에 소리를 내며 하던 일들을 소리 없이 진행해보자. 상상력만 잘 발휘하면 무궁무진한 활동이 가능하다.

방법1 수업시작 인사를 입 모양으로만 나눈다.
방법2 소리 없이 교과서 내용을 상황극으로 연기하게 할 수 있다.
방법3 수업내용을 강조해야 할 때 입 모양이나 몸짓은 평소대로 크게 하지만, 목소리는 내지 않은 채 말한다.

5 침묵의 힘

6 글씨쓰기 수업 전에 할 수 있는 활동

학생들은 글씨쓰기를 피할 수 없다. 초등학교 수업의 30 - 60퍼센트 이상이 소근육활동인 글씨쓰기 활동으로 진행되므로 이는 주요 학습활동임이 분명하다(McHale & Cermak, 1992).

학교에서 종종 그 중요성이 간과되지만 쓰기활동은 손의 소근육 발달과 인지 발달은 물론 시각과 운동기술, 시각인지, 새로운 운동근육의 발달 등 여러 요소들을 발달시키는 복합적인 활동이다 (Berninger & Rutberg, 1992; Case-Smith & Pehoski, 1992).

학령기 어린이 중 글씨쓰기를 하지 못하는 어린이들이 점점 늘어나고 있는데 이는 심각한 현상이다. 교사들은 자신이 가르치는 남자 어린이의 32퍼센트, 여자 어린이의 11퍼센트가 글씨쓰기 활동에 심각한 어려움을 느낀다고 답했다(Smits-Engelsman, Van Galen, & Michelis, 1995). 게다가 ADHD 증세를 갖고 있는 학습자의 50퍼센트 이상 역시 소근육활동을 원활히 하지 못하는 발달협응장애 (developmental coordination disorder)가 있다.

다음의 활동들은 글씨쓰기 학습의 준비도를 높이며, 글씨를 좀 더 잘 쓸 수 있도록 하는 소근육의 증가를 돕는다.

손가락 팔굽혀펴기

양손 손가락을 맞대어 붙이고 굽혔다 펴기를 한다. 이렇게 하면 마치 거울 속의 거미가 팔굽혀펴기를 하는 것처럼 보인다.

짝과 함께 한 손을 마주 대고 위의 활동을 한다. 다른 한 손으로는 옆에 있는 다른 사람과 손을 맞대고 진행한다.

위 활동은 다른 방식으로 변경이 가능하다. 벽이나 책상, 옆 사람의 머리 등에 손가락을 대고 활동을 진행할 수 있다.

토끼 귀 만들기

양손을 머리 양쪽에 대고 마치 토끼의 커다란 귀처럼 손가락을 폈다 접었다 하기를 여러 번 반복하게 한다. 토끼 귀를 한 채 학생들이 서로 마주 보고 인사하고 대화하게 하면 좋다.

지붕 들어올리기

차례
1. 양 손바닥을 천장으로 향하고 마치 지붕을 들어올리는 것처럼 팔을 쭉 뻗는다.
2. 팔을 몇 번 곧게 쭉 뻗는다.
3. 모습을 바꾸어 기울어진 천장을 들어올리는 것처럼 팔을 약간 기울인 상태로 쭉 뻗어서 진행하면 더 효과적이다.
4. 활동이 익숙해지면 음악을 틀고 진행한다. 리듬에 맞춰 움직이면 훨씬 더 재미있을 수 있다.

6 글씨 쓰기 수업 전에 할 수 있는 활동

7 혈류를 조절하는 다리운동

뇌는 에너지를 저장하고 저장된 에너지를 사용하여 작동되는 기관이 아니다. 혈액 내의 신선한 산소와 포도당은 뇌의 에너지 공급원이다. 뇌에 적절한 에너지가 공급되지 않으면 학생들은 불안해하거나 맥없어하거나 쉽게 지루해하기도 한다.

앉은 자리에서 일어서는 간단한 활동도 뇌의 혈류를 증진시킴으로써 학생들의 주의 집중력을 향상시킬 수 있다. 일어서는 행동만으로도 혈압조절에 중요한 역할을 하는 부신(adrenal gland)이 자극되어 부신 수질에서 분비되는 호르몬인 아드레날린이 뇌에 공급된다. 그리고 아드레날린은 뇌의 감정중추인 편도체(amygdala)를 자극한다.

미국 캘리포니아대학교 버클리캠퍼스의 연구진은 아드레날린이 기억력을 향상시키는 역할을 한다는 사실을 밝혀냈다(Hatfield & McGaugh, 1999). 쥐를 이용한 실험에서 연구자들은 물탱크 안에 투명한 판을 넣어두고 쥐들이 그 판으로 헤엄쳐 가야만 쉴 수 있게 장치를 해두었다. 목숨을 유지하고자 하는 의지는 다량의 아드레날린을 분비하는데, 꽤 오랜 시간이 지난 후 다시 이 실험을 진행하려고 쥐를 물탱크에 넣었을 때 쥐들은 투명한 판의 위치를 쉽게 기억해

냈다. 그러나 아드레날린의 효과를 제거하기 위해 아드레날린을 차단하는 베타 차단제(beta-blocker)를 투여받은 쥐들은 투명한 판의 위치를 기억하지 못했다.

규칙적인 움직임과 운동의 효용성에 대한 증거는 수없이 많다. 가벼운 운동은 혈류를 증가시켜 뇌에 산소가 공급되게 하는데 이것은 반응시간을 증가시킬 수 있다. 한 연구에 의하면 신체활동은 뇌의 효율성, 기민함, 창의성, 기억력 등을 향상시키고 스트레스를 감소시킨다(Carla Hannaford'1995). 운동을 할 때 갖게 되는 긍정적인 사회적 관계 역시 엔돌핀 수치를 증가시킨다(Levinthal, 1988). 엔돌핀은 감정시스템의 전달자 역할을 하는데, 고통을 완화하고 행복한 기분을 들게 하기 때문에 수업을 듣는 학생들의 행동이나 태도에 긍정적인 영향을 미친다.

종아리 펌프운동

종아리는 인간의 신체와 뇌에 혈액을 공급하여 에너지를 내게 하는 체내 펌프로, 심장 다음으로 큰 역할을 한다. 간단한 운동으로 종아리 근육을 자극하면 학생들의 활력을 높일 수 있다.

📗 자리에서 일어선 상태에서 발가락을 이용해 몸을 들어올리는 동작을 10-15회 실시한다. 양발을 동시에 들어올리거나 오른발 또는 왼발만 들어올리게 한다.

📗 행진곡이나 만화영화 주제곡 같은 경쾌한 리듬의 음악에 맞추어 학생들이 주어진 공간 안에서 행진하도록 한다.

📗 앉은 채로 다리를 쭉 펴고 발뒤꿈치를 가장 멀리 내민다. 5초간 온 힘을 다해 자세를 유지한 뒤에 긴장을 푼다. 이를 몇 차례 반복한다.

📗 점프대회를 연다. 바닥에 발을 댄 상태에서 종아리 근육을 사용하여 곧게 뛰어올라 누가 제일 높이 점프하는지 뽑는다.

일어나서 하는 '도전 골든벨'

자리에 앉아야 공부가 된다는 말이 있지만, 원활한 혈액순환을 위해서는 학생들을 일으켜 세워라. 수업을 할 때 주로 앉아서 하던 활동을 서서 하게 하면 혈액순환에 좋을 뿐더러 학생들이 신선함을 느낄 것이다.

📄 학생들을 모두 자리에서 일으켜 세우고, 해당 수업시간에 배운 내용을 가지고 깜짝 퀴즈를 낸다.

차례 1 학생들을 자리에서 모두 일어나게 하고 종이 한 장을 준비하도록 하여 '도전 골든벨' 형식으로 퀴즈를 진행한다.

2 교사는 해당 수업시간에 배운 내용 중에서 간단한 퀴즈문제를 출제한다. 학생들은 답을 종이에 써서 머리 위로 올린다.

3 틀린 학생들은 먼저 자리에 앉고, 답을 맞힌 학생들은 자리에 서서 계속 퀴즈에 응한다.

4 교사는 남은 수업시간 등 교실상황을 고려하여 '최후의 O인(1-10인)'을 선발함으로써 퀴즈를 마무리한다.

5 '최후의 O인'으로 남은 학생들을 각 모둠의 리더로 하여 남은 수업시간에 모둠활동을 진행해도 좋다.

스트레칭

학교 의자는 장시간 앉아 있기에 불편한 편이다. 학습을 위해 설계되었다기보다는 잘 포개어 쌓을 수 있도록 설계되었기 때문이다. 그래서 의자에 20분 정도 앉은 후에는 몸을 움직여줘야 한다.

🔋 느린 템포의 음악을 틀어놓고 학생들에게 위로 손을 뻗거나 허리를 돌리거나 숙여 손으로 발가락을 만지는 등 간단한 스트레칭 동작들을 하게 한다. 굳이 현란한 동작을 하지 않아도 된다.

🔋 각 모둠에서 한 명이 대표로 스트레칭 동작을 하고 나머지 학생들은 그 행동을 따라 하도록 한다.

🔋 스트레칭을 파도타기 활동과 접목할 수도 있다. 먼저 한 학생이 "후" 소리와 함께 팔을 위로 쭉 뻗으며 일어난다. 다음 학생이 이 동작을 이어받는다. 순차적으로 마치 파도가 일렁이는 것 같은 모양이 만들어질 것이다.

🔋 교사 또는 학생이 주도하여 교실 전체가 다 같이 팔 벌려 뛰기를 하도록 한다.
방법1 뛸 수 있는 한 가장 높이 뛰면서 파리를 잡는 것처럼 박수를 친다.
방법2 20초 안에 누가 가장 많이 팔 벌려 뛸 수 있는지 대회를 연다.
방법3 90도 혹은 180도로 몸을 돌리며 팔 벌려 뛰기를 한다.

제자리에서 뛰기

열을 셀 동안 혹은 일정 시간 동안 학생들은 책상 옆에 서서 제자리 달리기를 한다.

방법1 가장 빠르게 혹은 가장 느리게 뛴다.

방법2 무릎을 가능한 높게 올리거나 팔을 움직이지 않고 제자리 달리기를 한다.

방법3 "사람들에게 손을 흔들어 인사를 합니다" 또는 "얼굴에 물이 튑니다"와 같이 지시사항을 수행하며 제자리 달리기를 한다.

방법4 발을 움직이지 않고 팔만 움직이며 달리는 것같이 흉내 내본다.

잠시 신나게 깡충깡충 뛰게 하자. 이 활동은 여러 가지로 변형해서 해 볼 수 있다. 뛰는 횟수는 교사가 임의로 조절하자.

방법1 한쪽 발로 뛰다가 다른 쪽 발로 뛰게 한다.

방법2 세 번 뛸 때마다 몸을 한 바퀴 돌리게 하거나, 뛸 때마다 180도 또는 360도로 몸을 돌리게 한다.

방법3 가장 높게, 가장 낮게, 가장 빨리 뛰게 한다.

방법4 모둠을 만들어 서로 어깨동무를 하고 다 함께 일곱 번 뛰게 한다.

특별한 상황을 설정하고 그 상황에 있는 것처럼 제자리에서 걷고 움직인다.

방법1 왼발이 땅에 닿을 때는 "오!", 오른발이 닿을 때는 "아!" 소리를 내며 움직인다.

방법2 진흙 위를 뛰는 것과 같은 몸짓을 해본다.

방법3 화가 난 소 위에 올라타 있다고 생각하며 소리를 내고 움직이면서 걷는다.

8 학습과 건강을 모두 잡는 대근육운동

뇌과학 링크 ▶▶▶

오늘날 학생들은 컴퓨터, 비디오게임 등과 같은 시청각 매체를 언제 어디서나 쉽게 접할 수 있는 환경에 살고 있다. 이러한 환경에서 생활하는 학생들은 자연히 대근육운동보다 소근육운동을 통해 더 많은 자극을 받게 된다. 대근육을 사용하는 데 어려움을 느끼는 학생들은 신체적인 활동, 예를 들어 달리기나 몸을 쓰는 놀이와 같은 비교적 간단한 활동을 할 때조차 어색하거나 서툴다고 느낄 것이다. 그러면서 점점 이와 유사한 종류의 활동을 피하게 될 것이고, 이는 결국 신체와 뇌가 순조롭게 작동하고 소통하는 횟수가 현저히 부족해지는 결과를 낳게 된다.

대근육운동이 부족할 때 우려되는 부분이 또 있다. 바로 도파민이라는 신경전달물질이다. 도파민이 체내에서 활성화되면 기분이 좋아진다. 사실 마약을 하는 사람들에게 극도의 행복감을 선사하는 것은 마약인 코카인이 아니라 코카인으로 인해 방출되는 도파민이다. 코카인은 체내에서 많은 양의 도파민을 방출할 수 있도록 하는 촉진제 역할을 한다.

우리 뇌의 기저핵(basal ganglia)은 도파민을 생산하도록 작동한다.

뇌의 기저핵은 대뇌피질 하부에 묻힌 일련의 구조물로, 운동을 통제하거나 운동의 순서를 배열하는 일에 관여한다. 기저핵을 이루는 구조물 가운데 미상핵(caudate nucleus)과 렌즈핵(lenticular nucleus)이라는 부위가 있는데, 이들은 무의식적인 운동을 통제하는 기능을 담당한다. 미상핵과 렌즈핵은 각 대뇌 반구의 시상(thalamus) 앞쪽에 위치해 있다. 뇌의 시상은 일종의 중계소 역할을 하는데, 운동과 연관된 명령을 통제하는 대뇌피질의 운동영역에서 보내는 정보는 물론 척수(spinal cord)와 연결된 뇌의 기저에서 도파민을 생성하는 세포가 보내는 정보를 전달한다. 도파민을 생성하는 기저핵의 한 부분이기도 한, 뇌간(brain stem)의 이 특별한 부위는 흑질(substantia nigra)이라고 알려져 있다. 흑질의 세포는 도파민이 방출되는 정거장인 시상의 세포와도 연결되어 있다.

이처럼 운동을 통제하는 동시에 운동에 의해 자극을 받는 뇌의 부위가 도파민의 생성과 방출을 통제하는 역할도 한다는 것은 흥미로운 사실이다. 그렇다면 어린 아이들의 항우울제 복용이 증가한 현상이 부분적으로는 아이들의 대근육운동량 부족에서 비롯될 가능성이 있는 것은 아닐까?

대근육운동량 부족이 학생들의 총체적인 건강과 학업성취에 해로움을 끼친다는 것은 바꿔 말하면, 규칙적으로 대근육을 자극하는 활동을 하면 건강과 학업에 있어서 모두 긍정적인 효과를 얻을 수 있다는 말이다.

규칙적인 운동은 심장 박동수와 혈액 순환량을 증가시키고, 신체의 각성기제를 촉진할 수 있다. 몸을 움직이고 회전하는 춤추기와 같은 활동은 공간, 시각, 청각, 운동감각의 기능을 통제하는 데 중요한 역할을 하는 뇌의 부위들을 형성하는 데 있어서 핵심적인 것으로 알려져 있다(Palmer, 1980). 우리가 춤을 추거나 몸을 많이 움직이면 뇌의 편도체(amygdala)라는 부위가 자극을 받게 된다. 편도체는 감정의 중추로 기억을 처리하는 과정에서 아주 중요한 역할을 한다. 그러므로 춤이나 창조적인 움직임, 순수예술 등을 수업에 결합함으로써 학생들은 각자의 자아상을 발전시키고 운동협응(motor coordination) 능력을 기르고, 스트레스 반응능력을 키울 수 있을 것이다.

다음에 소개되는 활동을 통해 학생들의 활력을 자극해보자. 활동과 더불어 도파민의 분비가 활성화되면서 학생들은 긍정적인 기운을 얻을 것이며, 결과적으로 수업분위기 또한 긍정적으로 탈바꿈하는 효과도 기대할 수 있을 것이다.

보디빌더 따라하기

📖 교사가 먼저 보디빌더의 자세를 세 가지 정도 보여준 뒤 '하나, 둘, 셋'을 외치면 학생들이 "으~" 소리를 내며 그중 한 자세를 보디빌더처럼 따라한다.

방법1 게 자세: 상체를 약간 앞으로 기울이고 양 주먹을 배꼽 가까이로 모은다.

방법2 이두박근 자세: 두 손을 위로 들고 팔꿈치를 굽혀서 힘을 주고 이두박근을 자랑한다.

방법3 영웅 자세: 손을 펴서 손가락은 서로 붙이고 한 팔은 굽혀서 손끝이 귀 뒤로 가도록 하고, 다른 한 팔은 옆으로 쭉 뻗는다. 얼굴은 옆으로 돌려 쭉 편 손 끝을 바라본다.

위와 같이 근육에 힘을 주고 취하는 자세들은 근육을 수축하게 만드는 저항력 훈련의 일종으로 근육을 단련시키고 힘을 기르는 데 효과적인 방법이다(Ariel, 1987). 외향적인 학생들은 보디빌더 자세를 과장해서 흉내내는 것을 아주 좋아할 것이다. 인간의 도전과 승리를 그린 스포츠 영화의 배경음악, 이를테면 영화 〈록키(Rocky)〉의 주제가인 〈호랑이의 눈(Eye of the Tiger)〉과 같은 노래를 틀어놓고 활동을 하면 더욱 재미있게 할 수 있을 것이다.

핸드 자이브

핸드 자이브(Hand Jive)는 록음악 전성기에 큰 인기를 끌었던 춤으로, 16비트 패턴을 가진 아주 빠른 손동작들로 이루어져 있다.

생기 넘치고 빠른 박자의 음악은 핸드 자이브를 추는 데 좋은 반주곡이 된다. 특히 뮤지컬 〈그리스(Grease)〉의 사운드트랙 중 〈핸드 자이브의 귀재(Born to Hand Jive)〉라는 곡은 핸드 자이브를 추기에 안성맞춤이다.

아래에 나열되어 있는 동작과 그림을 참고하여 자이브를 춰보자. 학생들이 직접 자이브 동작을 만들어보도록 해도 좋다.

차례 **1** 무릎을 두 번 치고 손뼉을 두 번 친다.

2 손바닥은 바닥을 보게 하고 서로 엇갈리게 하여 X자를 두 번 만든다. 그리고 다시 한 번 X자를 만드는데, 이번에는 아래에 위치했던 손이 위로 가도록 한다.

3 두 주먹을 쥐고 위아래로 맞댄 후, 한 손으로 반대쪽 주먹을 두 번 두드리고, 아래에 있던 주먹을 위로 올려 반대쪽 주먹을 두 번 두드린다.

4 히치하이킹을 할 때처럼 오른손을 주먹 쥔 상태에서 엄지손가락을 올린 채 오른쪽 어깨 뒤로 빠르게 두 번 움직인다. 똑같이 왼손으로 주먹을 쥐고 엄지손가락을 올려 왼쪽 어깨 뒤로 빠르게 두 번 동작을 한다.

활동
3

음악에 맞춰 걷기

혈액순환은 상태변화를 촉진한다. 의자에 앉아 있던 학생들을 자리에서 일으켜 세운 다음, 틀어놓은 음악이 멈출 때까지 책상 주위를 돌며 걷게 할 수 있다.

🔋 경쾌하고 발랄한 노래를 들려주고, 의자 주위를 몇 번 돌며 걷게 하는 것만으로도 좋다.

🔋 수업내용을 점검하는 간단한 테스트를 할 때 이 활동을 응용하면 꽤 재미있을 것이다. 모둠의 학생 수보다 의자를 하나 적게 두고 음악이 끝날 때 미처 의자에 앉지 못한 학생들에게 문제의 답을 말하게 하는 것이다.

손바닥 펴고 주먹 쥐고

이 활동은 우리가 흔히 잘 알고 있는 손뼉치기 놀이인 '푸른하늘 은하수'를 약간 변형한 것이다. 이 활동은 난이도에 따라 아래처럼 3가지 수준으로 나뉜다.

수준1

1. 학생들을 2명씩 짝을 이뤄 서로 마주 보고 서게 한다.
2. 한 명은 상대방을 향해 두 손바닥을 편 상태로 들고 있고, 다른 한 명은 두 주먹을 쥐고 있게 한다.
3. 각자 서로를 향해 손바닥과 주먹을 앞으로 내밀어 부딪힌다. 이번에는 손의 모양을 바꿔서 손바닥을 폈던 학생은 주먹을 쥐고, 주먹을 쥐고 있던 학생은 손바닥을 펼쳐 다시 서로를 향해 내밀면서 부딪히게 한다. 이 과정을 여러 번 점점 더 빠른 속도로 계속한다.

수준 2

1. 2명씩 짝을 이뤄 서로 마주 본다.
2. 오른손은 주먹을 쥐고, 왼손은 손바닥을 펴서 들게 한다. 자신의 손바닥은 짝의 주먹과, 자신의 주먹은 짝의 손바닥과 부딪히도록 양손을 앞으로 밀어낸다. 서로 손의 모양을 바꿔 계속한다.

수준 3 수준 2 활동과 손 모양은 동일하지만 내미는 방식을 달리한다. 양손을 동시에 내미는 것이 아니라, 번갈아 내밀면서 손바닥과 주먹, 주먹과 손바닥이 서로 부딪히게 한다. 즉, 서로 한 번은 오른손을 내밀고, 다른 한 번은 왼손을 내밀면서, 각자의 손바닥과 주먹이 마주치게 하는 것이다. 한 번 마주치고 나서 각자 왼손과 오른손의 손 모양을 바꾸어 계속한다.

한 발로 서기

학생들에게 10초간 한 발로만 서 있도록 해보자. 혹은 학생들끼리 누가 한 발로 오래 서 있나 겨루어보게 할 수도 있다.

방법1 두 눈을 감은 채 양팔은 모으고 한 발로만 서 있자.

방법2 양손을 좌우로 벌리고 한 발로 서 있어보자.

방법3 양팔을 좌우로 벌리고 눈을 감은 채 한 발로 서 있어보자.

방법4 눈을 뜬 상태에서 목을 뒤로 젖혀 얼굴은 천장을 바라보고, 양팔을 좌우로 벌리고, 한 발로 서 있자.

이 활동은 몸이 균형을 잡을 수 있도록 돕는 전정기관(vestibular system)을 자극한다. 만약 아이가 이 활동을 전혀 따라하지 못하거나 너무 힘들어 한다면 아마 전정기관에 문제가 있을 것이다. 그런 경우에는 학교에 있는 보건교사가 학부모의 동의를 얻어 수업에 들어와 아이를 한번 관찰해보게 하자. 이런 아이는 읽기활동도 어려워 할 가능성이 있다는 점을 기억하자.

뇌과학 링크 ▶▶▶

시력은 학교생활에 있어 매우 중요하다. 학교에서 하는 대다수의 활동은 보는 것과 연관되어 있거나 보는 것이 큰 비중을 차지한다. 따라서 시각체계가 제대로 작용하는지의 문제는 간과해서는 안 될 중요한 부분이다.

시력은 단순히 약 6미터 내의 사물을 볼 수 있는 정상 시력만을 말하는 것이 아니다. 시각체계는 보이는 부분과 보이지 않는 부분으로 나눌 수 있다. 시각체계의 보이는 부분이라 함은 눈 안쪽과 눈 주변에 있는 근육으로 조절되는 외적으로 보여지는 눈의 조직들을 말한다. 근거리와 원거리에 있는 것을 정확히 보는 것, 부드럽게 눈을 움직이는 추적운동(pursuit)과 독서할 때 눈이 순간적으로 움직이는 도약안구운동(saccade) 등은 시각체계의 보이는 부분이 하는 역할이며, 이러한 기술들은 학교에서 끊임없이 사용된다. 받아들여진 시각신호는 시신경을 통해 뇌의 뒷부분에 위치한 후두엽으로 이동하게 되는데, 이 부분이 시각체계의 보이지 않는 부분이다. 시각신호가 뇌에 도달하게 되면 우리는 이 신호들이 어떻게 처리되는지 볼 수 없다. 비록 우리의 눈으로 볼 수 없지만, 도지활동(figure-ground, 게시판에 걸려있는 수많은 종이 중에서 자신의 것을 쉽게 찾아내는 것처럼 여러 물건들로 가득한 배경에서 특정 형태나 물체를 찾아내는 능력)이나, 형태 항상성(form constancy, 알파벳 a의 서체가 달라진다고 하더라도 여전히 똑같은 알파벳 a로 인지하는 능력) 등 지각에 관련된 활동들이 후두엽에서 일어나며, 이 모든 활동들은 읽기과정에 관여한다.

한 연구결과에 따르면 시각장애는 읽기와 학습에 문제를 초래하는 경우가 빈번하다(Birnbaum, 1993). 학교에서 시행하는 시력검사는 약 6미터 안에 있는 사물을 얼마나 명확히 볼 수 있는지에 대한 원거리 시력을 측정한다. 하지만 학교에서 시각과 관련된 활동의 대부분은 근거리 시력만을 요한다. 또한 학교생활을 잘 하기 위해서는 이 밖에 다른 시각적 기술들이 필요하다. 지금부터 제시하는 활동들은 시각기술의 발달을 도울 수 있을 것이다. 만약 이어지는 활동들을 학생이 잘 따라 하지 못한다면 의사의 진단과 치료가 필요한 질병이 있을 수도 있다.

최상의 학습을 이끌어내기 위해 시각적 능력은 매우 중요하다. 일반 학생들에게도 시력문제가 많지만, 학습장애를 가진 학생들은 시력문제를 지니고 있을 확률이 훨씬 높다(Hoffman, 1980). 따라서 이번에 제시하는 활동은 일반 학생들뿐만 아니라 학습장애를 가진 학생들에게 특히 도움이 될 것이다.

불가사리와 문어

우리의 눈은 거리에 따라 초점을 조절한다. 모양체근(cilliary muscle)이라 불리는 눈에 있는 작은 근육이 그 기능을 하는데, 수축과 이완을 반복하면서 초점을 조절하는 것이다. 모양체근이 수축될 때 수정체는 약간 눌려져 볼록해진다. 반대로 모양체근이 이완되어 수정체도 함께 평평해질 때가 있는데 멀리 있는 물체를 볼 때가 이에 해당한다. 이러한 조절작용이 잘 기능할 때 우리의 눈은 빠르고 쉽게 초점을 맞출 수 있다.

오늘날 많은 학생들이 텔레비전, 컴퓨터, 휴대용 게임기 등에 아주 어릴 때부터 노출되어 있다. 이와 같이 고정된 거리에서 움직이지 않는 사물을 계속 보게 될 경우, 모양체근의 운동량은 줄어들게 된다. 이것이 오늘날의 학생들이 이전 세대의 학생들보다 초점조절문제를 더 많이 겪게 되는 이유가 될 수도 있다. 초점을 조절하는 눈의 기능은 나이가 들면서 쇠퇴한다. 수정체의 유연성이 약화되어 노안을 야기하기 때문이다.

근거리부터 원거리까지 학생들의 초점조절능력을 향상시키고 시야를 넓히기 위해 아래와 같은 활동을 추천한다.

차례
1 학생들이 손을 펼치게 하여 눈에서 약 30센티미터 정도 떨어뜨리게 한 후 그 손을 쳐다보게 하라.

2 처음에는 손등에 집중하게 하라. 초점이 분명하게 맞은 손의 이미지를 '불가사리'라고 부른다.

3 그 다음 손을 계속 쳐다보면서 초점은 그 손 뒤에 있을 바닥이나

책상에 초점을 맞추게 하라. 학생들은 그들의 실제 손가락과 함께 희미한 잔영이 남은 '유령손가락'을 보게 될 것이다. 이것을 '문어' 라고 부른다.

4 손이 '불가사리'가 되었다가 '문어'가 되도록 여러 번 초점조절을 연습시킨다. 이때 한쪽 눈은 감은 채, 한쪽 눈만으로 연습할 수도 있다.

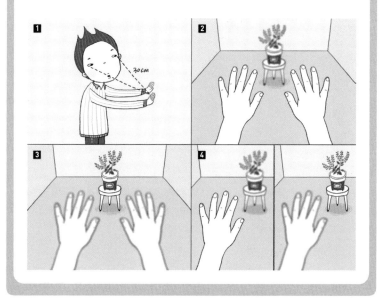

9 시각훈련으로 학습장애 문턱넘기

활동
2

도약안구운동

도약안구운동이란 글을 한 줄씩 읽을 때 생기는 안구의 재빠른 움직임을 말한다. 책 읽기를 잘 하려면 양 눈이 함께 잘 움직이고, 멈추었다가 다시 움직이기 시작할 수 있어야 한다. 이 운동을 잘하지 못하는 학생이라면 읽기 속도나 내용에 대한 이해력도 좋지 못할 것이다. 이러한 특성의 학생들은 읽어 내려오던 부분을 놓치기 일쑤이고, 이에 따라 글을 큰 소리로 읽는 것을 좋아하지 않을 수도 있다. 시력치료사들은 도약안구운동의 수월성을 향상시킬 수 있는 많은 훌륭한 치료방식들을 사용하고 있다.

학생들에게 교실 앞쪽에 있는 어떤 사물을 보게 한다. 이제 학생들에게 머리는 움직이지 말고 오직 눈만으로 최대한 빨리 그 사물의 움직임을 좇아 집중할 수 있게 한다. 또는 교사가 박수 치는 소리에 맞춰 사물과 사물 사이를 번갈아 보게 한다. 학생들의 머리는 여전히 고정된 상태여야 한다.

방법1 양 손바닥을 학생 스스로 볼 수 있게 펴고, 머리를 고정시킨 상태에서 한 손바닥씩 번갈아 쳐다보게 할 수도 있다.

방법2 플래시카드와 같은 카드 종류를 양손에 들고 한 장씩 번갈아 가며 읽게 할 수도 있다.

방법3 교사가 손전등 두 개를 동시에 켠 후, 학생들에게 한쪽씩 번갈아 가며 쳐다보게 할 수도 있다.

시각고정 트레이닝

안구운동에서 중요한 기능 중 하나가 시각고정(fixation)이다. 시각고정은 한 물체를 고정적으로 응시하는 능력을 일컫는다. 이 기능은 특히 읽기활동을 할 때 중요하다. 책을 읽을 때 우리의 눈은 한 지점에서 다른 지점으로 건너뛰는 도약안구운동을 하게 된다. 이때 눈이 정보를 입력하지는 않지만 시각을 고정하는 데 어려움을 겪는 학생은 한 줄씩 시선을 옮겨갈 때마다 글에 집중하기 어려울 것이고, 결국 읽기 유창성 또한 상대적으로 떨어지게 된다.

📋 학생들이 시각을 한 곳에 고정시키는 능력을 지니고 있는지 점검하고, 그 능력을 발달시킬 수 있도록 활동을 재미있게 진행한다.

차례
1. 학생들에게 교실에서 눈에 띄는 특별한 사물이나 무늬, 또는 벽면의 얼룩 중 마음에 드는 한 곳을 고르게 한다.
2. 교사가 "시작!"이라고 외치면 학생들은 미리 고른 대상만을 30초 동안 바라본다. 눈을 깜박이는 것은 괜찮지만, 다른 대상에 한눈을 파는 것은 안 된다. 짝끼리 서로를 감시하게 해도 재미있다.
3. 이번에는 교사가 어떤 두 지점을 A와 B로 정해주고, 이전처럼 A를 바라보게 한다. 그러다가 교사가 숫자를 5부터 1까지 카운트다운하면 B 지점을 재빨리 응시했다가 다시 A 지점에 시선을 정확히 고정하여 3초 간 집중적으로 응시하게 한다.
4. 교사가 학생들을 긴장시킨 상태에서 "(화분을 바로 곁에서 가리키며) 여기, 교탁 옆 화분을 바라보세요! 자, 이제 선생님이 왼쪽으로 천천히 걸어갈 건데, 시선을 선생님 손끝에 두고 잘 따라오세요. (이동하다가) 선생님이 10을 셀 때까지 바로 여기! 달력의 숫자 23에 시선을 가만히 고정합니다"와 같은 방식으로 아이들이 시선을 고정할 위치를 지정하면서 활동을 리드한다.

주변 시야 트레이닝

성공적인 학습을 거두기 위해 학생이 정상적인 주변 시야 (peripheral vision)를 갖추는 것은 필수적이다. 우리는 주변 시야를 발달시킴으로써 주변 환경을 인식하고 안전하게 생활할 수 있을 뿐만 아니라 기억을 처리 · 회상하고 정보의 맥락을 읽어낼 수 있다. 또한 주변 시야 덕분에 단어나 그림 등을 감지하며 읽을 수 있는데, 이렇게 함으로써 우리는 좀 더 나은 이해력으로 더 빠르고 정확하게 읽을 수 있는 것이다.

▫▫ 짝끼리 한 지점을 정해 똑바로 쳐다보게 하고, 그 상태에서 주변 시야에 얼마나 많은 사물들이 보이는지 짝과 함께 이야기해 보도록 한다. 특정 색의 물건을 찾게 하거나, 주변 시야의 경계에 놓여 있는 어떤 물건의 뒤에 뭐가 있는지 알아내게 한다.

▫▫ 학생들에게 짝을 짓게 하고, 서로 돌아가면서 어떤 사물을 들거나 손가락을 꼽은 채로 짝의 주변 시야 안에 서 있는다. 오직 주변 시야만을 써서 그 사물이 무엇인지, 몇 개의 손가락을 꼽았는지 알아내야 한다.

돌고 돌고 돌고

시각체계는 3차원의 공간을 지각할 수 있도록 돕는 전정감각과 연관되어 있다. 전정기관은 전정안구반사(vestibular-ocular reflex)를 통해 걷거나 뛰는 등 몸이 움직이는 순간에도 시각체계가 안정적으로 기능하도록 한다. 귀 안에는 반고리관으로 불리는 기관이 있는데, 이 기관들은 수평적 · 수직적 · 순환적 공간으로 이루어진 3차원의 각 방향에 맞게 위치해 있다.

모든 방향으로 돌도록 유도하는 아래의 활동들은 이러한 진정감각을 자극할 것이다. 단, 돌다가 넘어지거나 부딪혀 학생들이 다치지 않도록 주변 환경을 정비한 뒤 실시하도록 한다.

🔋 간단하게 진행하려면, 학생들이 책상 옆에 서서 비교적 빠른 속도로 돌게 한다. 한 방향으로 두세 번 돌고 다른 방향으로 두세 번 돌게 한다.

🔋 학급 전체가 원을 이루어 서고, 음악에 맞춰 신나게 돌다가 교사가 내는 과제를 수행한다.

차례

1 학생들은 원으로 서고 음악에 맞추어 한쪽 방향으로 경쾌하게 걷는다. 교사의 지시에 따라 왼쪽, 오른쪽으로 방향을 바꿔가며 돈다.

2 교사의 호루라기 소리에 멈추고 교사가 부여하는 과제를 수행한다.

　　방법1 코끼리코를 하고 넘어지지 않은 채로 10바퀴 돌기

　　방법2 옆 사람과 번갈아 가며 다리 잡아주고 물구나무서서 10초 버티기

　　방법3 오른쪽으로 다섯 바퀴, 왼쪽으로 다섯 바퀴 돌고 나서, 한 다리 들고 투명의자 자세하기

3 넘어져서 과제에 실패한 학생들은 원 안으로 보낸다. 적절한 수만큼 아이들이 원 안팎에 분배되면 모둠활동이나 야외활동 등 수업내용과 관련된 활동으로 자연스럽게 이어 나간다.

자주 쓰는 눈 알기

학생들은 자신의 새로운 면을 발견하는 것에 굉장한 흥미와 매력을 느낀다. 대부분 자신이 어느 쪽 눈을 주로 사용하는지 잘 모르고 있지만, 사람들은 각자 주로 사용하는 눈이 있다. 한 가지 알아두어야 할 것은 자주 사용하지 않는 눈은 기능이 매우 약하다는 것이다. 뇌는 약한 눈으로 입력되는 신호를 억제하여 주로 사용하는 눈을 더 많이 사용하도록 한다. 사려 깊고 관찰력 있는 교사라면 어떤 학생이 계속해서 한쪽 눈을 비비거나 한쪽 눈에서 눈물을 흘리는 것을 알아챌 수 있을 것이다. 이런 학생이 있다면 '덜 사용한 쪽'의 눈 기능을 강화하도록 지도해야 한다.

어느 쪽 눈을 더 많이 사용하는지를 발견할 수 있도록 학생들에게 다음과 같은 순서를 밟게 하라.

차례
1 엄지와 검지를 붙여 원을 만든다.
2 양 눈을 모두 이용하여 손가락으로 만든 원을 통해 특정한 물체를 바라본다.
3 원을 통해 계속해서 물건을 바라보면서 눈을 한쪽씩 번갈아 감는다. 이때, 물체가 원 안에 있을 때가 있고, 원 밖으로 나가 있는 경우가 있을 것이다. 원 안에 물체가 있을 때 뜨고 있었던 눈이 우리가 주로 사용하는 눈이다.

거리지각능력 확인하기

양쪽 눈이 앞쪽을 향할 때 두 시선이 이루는 각도에 의해서 원근을 판단할 수 있는 시각을 입체시(stereopsis)라 하며, 그로써 얻어지는 지각을 거리지각(depth perception)이라 한다. 이 활동을 하지 못하는 학생이 있다면 안과에서 진단을 받도록 조치를 취하는 것이 필요하다.

차례
1 양손에 펜을 한 개씩을 잡고 팔을 앞으로 쭉 뻗는다.
2 한쪽 눈을 감고 두 펜의 끝을 서로 닿게 한다. 다른 쪽 눈을 감고 같은 동작을 한다.

눈에 휴식시간 주기

다른 근육들과 마찬가지로 안구근육 역시 오랜 시간 사용하면 지친다. 안구를 움직이는 근육과 눈의 수정체 주변을 싸고 있는 모양체근은 특히 집중할 때 많이 쓰는데, 이로 인해 장시간의 독서나 집중학습 후에는 이 근육이 극심한 피로감을 느끼므로 반드시 휴식을 취해야 한다.

양손을 따뜻해질 때까지 비빈 후 손바닥을 눈 위에 살짝 올려둔다. 눈에 너무 심한 압박을 주지 않도록 하면 피곤했던 눈도 따뜻한 열과 어둠 속에서 잠시 휴식을 취할 수 있다. 이 활동을 몇 번 반복한다.

먼 거리에 있는 물체를 바라봄으로써 집중할 때 쓰이는 모양체근을 쉬게 한다. 매 시간 20초 정도 교실 밖 먼 거리에 있는 물체를 주목하도록 하자. 이 활동은 수업의 일부로 주기적으로 해도 좋다.

눈을 여러 번 깜박이게 하여 눈이 촉촉한 상태를 유지하게 한다.

10 작은 소품의 힘

뇌과학 링크 ▶▶▶

지금까지 소개된 활동들은 대부분 소품 없이 자리에서 곧바로 할 수 있는 것들이었다. 하지만 손에 무언가가 있을 때 한층 편안함을 느끼는 학생들도 있다. 이들을 위해서는 가끔씩 소품을 이용한 활동을 하는 것도 자신감 향상에 좋다.

몇몇 연구결과에 따르면 단기기억과 새로운 장기기억을 생성하는 능력은 스트레스가 많은 환경에서 급격하게 낮아진다고 한다 (Jacobs&Nadel, 1985). 이러한 학생들은 소품을 만지면서 편안함을 느끼게 되고 배운 내용을 더욱 잘 기억할 수 있을 것이다.

훌라후프 전달하기

차례 1 여섯에서 여덟 명 정도의 학생들이 하나의 원을 만들어 선다.
2 모두 손을 잡는다.
3 훌라후프를 하나 주고, 학생들이 손을 잡은 상태에서 이 훌라후프를 전달하여 훌라후프가 원 한 바퀴를 다 돌도록 한다. 훌라후프를 밟고 올라서거나 머리를 사용해도 좋다.

훌라후프 몇 개를 동시에 사용해 같은 방향으로 또는 서로 다른 방향으로 전달하는 활동을 하는 것도 재미있다.

탱탱볼 토크박스

교사는 탱탱볼의 색깔이 있는 부분에 다양한 이야깃거리를 적어 학생들에게 준다. 게임 방법은 학생이 공을 잡으면 자신이 바라보는 부분에 적힌 단어나 주제를 가지고 이야기를 하는 것이다. 이야기할 만한 주제들은 아래와 같다.

방법 1 지금 기분이 어떤지 이야기한다.

방법 2 이번 수업에 배운 키워드 하나를 모두에게 설명한다.

방법 3 자신이 어떤 성격의 사람인지 한 단어로 이야기한다.

탱탱볼 브레인스토밍

차례 1 교사가 이야기를 나눌 주제를 정하여 학생들에게 알려준다.

2 교사가 먼저 주제와 관련된 이야기를 한 뒤, 탱탱볼이 바닥에 닿으면 안 된다는 규칙을 알려주고 탱탱볼을 공중에 띄운다.

3 탱탱볼을 받은 학생에게 발언권이 생긴다. 학생은 주제에 대해 발언한 뒤, 들고 있던 탱탱볼을 다시 공중에 띄워 다음 발언자를 결정한다.

주제에 관련된 이야깃거리가 있는 사람이 손을 들면 그 사람에게 공이나 물건을 넘긴다. 공을 갑작스레 받은 학생의 말문이 막혀 활동이 중단되는 사태가 일어나지 않게 한다. 이 활동은 재미있고 뇌의 활동을 촉진시킬 뿐만 아니라 학생들간의 유대감을 형성하는 데 안성맞춤이다.

침묵 스피드퀴즈

차례 1 모둠에서 한 명이 나와 교사가 종이에 써놓은 단어를 확인한다.

2 움직임만으로 단어를 설명한다. 이때 입으로 힌트를 주거나 소리를 내서는 절대 안된다.

3 모둠의 나머지 학생들은 다른 모둠이 단어를 맞추기 전에 그 단어가 무엇인지 맞추어야 한다.

최근에 배운 단어들을 이 활동으로 재미있게 복습할 수 있다.

활동 5 풍선 지키기

차례
1. 6-8명 정도의 학생들이 하나의 원을 만들어 선다.
2. 양옆에 있는 사람의 손을 잡는다.
3. 한 개 혹은 몇 개의 풍선을 원 안에 던져 넣고, 서로 손을 잡은 상태에서 공이 바닥에 떨어지지 않도록 한다. 이때, 풍선이 천장에 붙지 않도록 하기 위해 헬륨가스가 아닌 공기를 주입한다. 활동 도중 서로의 손을 놓쳐서는 안 된다.

게임 중에 룰을 하나씩 더해보면 훨씬 더 재미있다. 예를 들어, 한 사람이 풍선을 연달아 두 번 칠 수 없다거나, 풍선을 칠 때마다 지난 수업에서 배운 내용을 하나씩 말하도록 한다.

활동 6 끈으로 도형 만들기

차례
1. 5-8명 정도가 하나의 모둠을 이루도록 한다.
2. 각 모둠에게 3-4미터 가량의 실이나 끈을 하나씩 나눠준다.
3. 이 끈을 가지고 학생들은 자신의 몸으로 꼭짓점을 만들어 특정한 도형을 만든다. 삼각형, 사각형, 직사각형, 오각형, 팔각형, 사다리꼴 등 어떤 도형이어도 괜찮다. 만들어낸 도형의 꼭짓점 수가 모둠 안의 학생 수보다 더 많을 수도 있다.

중학생을 대상으로 한 연구에 따르면
반 친구들이나 교사들과
사회적 유대감을 긍정적으로 형성한 학생의 경우
비행이나 반사회적 행동이 더 적게 발생한다.
긍정적인 사회적 유대감은 학업성적의 향상으로 이어질 가능성이 크다.

4장

학습에너지를 높여주는
모둠활동

1 관계 발전시키기

뇌과학 링크 ▶▶▶

뇌교육학자 제프리 케인(Geoffrey Caine)과 르네트 케인(Renate Caine)은 '12가지 뇌기반 학습원리'를 확립했다(Caine, Caine & Crowell, 1999). 이 중 한 원리에 따르면 인간은 사회적 존재이기 때문에 사회적 맥락에서 학습한다고 한다. 즉, 최적의 학습환경을 조성하는 데 있어서 긍정적인 사회관계 형성이 얼마나 중요한지 알 수 있다. 또한 교사는 도전할 만한 학습목표 제시, 위협이 없는 안전한 교실환경 조성, 전면적 학습지원을 통해 최적의 수업분위기를 조성할 수 있어야 한다.

교육학자 허쉬(Hirschi, 1969)에 따르면 사회적 유대감을 형성하는 데에는 4가지 기본 요소가 필요하다. 애착(attachment), 수용(commitment), 참여(involvement), 신념(belief)이다. 애착은 타인에 대한 애정, 수용은 사회적 관습을 배우는 데 들인 노력, 참여는 관습을 수용하여 지속한 기간, 신념은 사회적 규범을 옳다고 믿고 존중하는 마음이다. 허쉬에 따르면 교사 및 또래학생, 심지어 학교와 같은 사회기관과 유대관계를 잘 맺고 있는 청소년은 일탈행동을 하지 않는다고 한다. 유대관계를 맺은 개인이나 기관과의 긍정적인 연결관계를 잃게 될까 두렵기 때문이라는 것이다. 다시 말해서, 이 것은 학생과 교사 혹은 학생들 간의 긍정적인 유대관계가 학습효과 를 높일 뿐만 아니라 학급관리에도 좋은 영향을 미칠 수 있다는 것 을 의미한다.

사춘기 학생들이 어떤 집단에 소속되어 사람들과 좋은 관계를 유 지하면서 사회적, 관습적 행동을 오랫동안 하게 되면 일탈행동이 나 위험을 사초할 수 있는 행동을 하지 않는다는 연구결과가 있다 (McBride et al., 1995). 이 연구에서는 학생이 학교에서 유대관계를 얼 마나 잘 맺었는지를 근거로 중학교 3학년 학생이 앞으로 어느 정도 의 학업성취도를 거둘지 예측하기도 했다.

약물남용, 결석, 교칙위반과 같은 청소년의 일탈행동은 교사 와 부모에게 큰 걱정거리이다. 중학생을 대상으로 한 최근의 연구 에 따르면 반 친구들이나 교사들과 긍정적인 유대감을 형성한 학 생은 더 나은 학업성적을 거둘 가능성이 클 뿐만 아니라 비행이나 반사회적 행동을 저지를 가능성도 줄어든다(Simons-Morton, Crump, Haynie, & Saylor, 1999). 또 다른 연구에 따르면(van Driel & Tailing, 2005) 실험동물이 실험자와 친숙한 관계일 때 실험과제의 점수가 일관되 게 높았던 반면, 실험동물이 실험자와 친숙하지 않은 관계일 때는 점수가 낮았다고 한다. 어른과 아동 간 그리고 반 친구들과 같은 사 회적 구성원 간의 긍정적인 상호작용은 아동의 심리적인 안정을 증 진시킬 뿐만 아니라 핵심적인 인지기술 및 사회성 발달에 중요한 역할을 한다(MacElveen-Hoehn & Eyres, 1984). 이 장에서 소개할 활동들은 학생 개인은 물론 학급의 구성원 전체를 이롭게 하는 긍정적인 사회적 상호작용이 일어날 수 있도록 알맞은 환경을 조성하는 데 큰 도움이 될 것이다.

사회적 능력(social competence)은 성공적인 사회인이 갖추어야 할 가장 중요한 요소 중 하나이다(Feehan, McGee, Williams, & Nada-Raja, 1995). 감정을 통제하거나 친밀한 인간관계를 유지하는 사회적 능력이 결여된 학생들은 자퇴의 가능성이 높고, 인생의 어느 시점에서 정신적 문제로 인해 어려움을 겪을 수도 있다. 그러나 이러한 학생들도 어린 시절에 재미있으면서 위협적이지 않은 모둠활동에 노출된다면 문제의 발생을 완화시킬 수 있다. 다음과 같은 활동을 통해 학생들은 공동체 생활에서 필요한 사회적 기술들을 직접적으로 또 간접적으로 배울 수 있을 것이다.

재미있는 악수법

📖 학생들이 어떤 활동을 끝내고 매번 다른 방식으로 악수를 하여 마무리하도록 한다. 몇 가지 재미있는 악수법을 소개하면 다음과 같다.

방법 1 농부 악수: 소 역할을 하는 사람이 손가락을 뻗으면 농부 역할을 하는 사람은 상대방의 손가락이 마치 젖소의 젖인 것처럼 우유를 짜는 시늉을 한다.

방법 2 어부 악수: 한 사람이 손을 내밀면 다른 사람이 손가락을 잡는데, 이때 상대방의 엄지손가락이 마치 낚싯줄을 감는 장치인 것처럼 엄지를 돌려서 줄 감는 시늉을 한다.

방법 3 왼손으로 악수하기, 새끼손가락만으로 악수하기 등 다양한 악수방법을 써본다.

방법 4 손끝 악수: 두 손을 붙여 손가락 끝을 맞붙인 상태에서 손가락을 꼬물거린다.

방법 5 음악 맞추기 악수: 두 명이 악수하고 있는 자세에서 한 명씩 돌아가며 익숙한 노래의 박자를 손에 힘을 주어 표현해본다. 둘 다 음악을 맞추면 자리에 앉아 활동이 끝났음을 표시한다. 쉽고 익숙한 노래를 이용하도록 한다.

📖 일정 기간 같은 구성원으로 모둠이 지속될 예정이라면, 모둠별로 자기 모둠만의 악수를 개발하는 시간을 갖게 한다. 그리고 각 모둠이 개발한 악수를 전체 학급 앞에서 소개하도록 한다. 이렇게 개발한 악수는 이후에 어떤 수업내용으로 모둠활동을 진행하다가 그 활동을 마칠 때 모둠별 마무리 인사로 활용하게 할 수 있다. 교사는 학생들이 서로 악수하는 모습을 보며 모둠별 진행상황을 파악할 수 있고, 학생들은 악수를 하며 유대감과 즐거움을 느껴 상태변화를 할 수 있다.

과학수사대 되기

모든 학생들을 자리에서 일어나게 하고 아래 조건에 해당될 것으로 여겨지는 세 명을 찾아가 악수를 권하게 한다. 악수를 권하는 횟수는 3-5회로 제한한다. 학생들이 서로에 대해 얼마나 알고 있는지 확인하고, 새로운 정보를 얻으며, 서로를 유심히 살펴볼 수 있는 기회를 갖도록 유도하는 활동이다.

방법1 나와 신발 사이즈가 같은 사람

방법2 나와 형제자매 수가 같은 사람

성격이나 모습, 습관과 같은 특징을 들은 뒤 모둠원 중 누구에 대한 설명인지 맞춘다.

차례

1 교사는 미리 두세 명의 학생을 선정해 비밀 임무를 준다. 그 임무는 과학수사대가 되어 친구에 대한 특징을 찾아내는 것이다. 과학수사대는 각 모둠별로 한 명씩을 탐구 대상으로 고르고, 그 친구의 특징이나 습관을 찾아내도록 한다.

2 과학수사대로 선정된 학생들은 2-3일 동안 임무를 수행한다.

3 조사한 내용을 정리하여 교사에게 제출하면, 교사는 미리 확인하여 혹시 상대 학생에게 부정적인 감정을 야기할 만한 것이 없는지 유의하며 검토한다.

4 교사는 예정된 모둠활동 시간에 모둠별로 서로 다른 카드를 전달한다. 이 카드에는 모둠원 중 누군가에 대한 특징이 적혀 있다. 카드에 적힌 대상이 자신인 것 같아도 긍정할 수 없다는 규칙이 있다.

5 5분여의 시간이 지나면 누구에 대한 설명인지 모둠별로 결론을 내리고 답을 듣는다.

6 모둠원들이 답을 고른 이유를 듣고, 과학수사대의 이야기도 재미있게 듣는다.

감·배·약 이야기

차례

1 모두 자리에서 일어선다.

2 짝을 선택한다.

3 학생들에게 제한시간을 주는데 보통 7–9분 정도가 적당하다. 짝과 함께 걸으며 자신의 '감·배·약' 이야기를 나누도록 한다.

- '감'이란 무언가 '감사했던' 순간의 경험을 나누는 것
- '배'란 교실 안이나 일상생활 중 '배움'이 일어난 순간의 경험을 나누는 것
- '약'이란 스스로에게 하는 '약속'을 의미한다. '앞으로 절대 지각하지 않겠다'거나 '매일 아침 나에게 한 가지씩 칭찬해주겠다' 등 솔직한 이야기를 나누도록 한다.

참여형 질문

학생들에게 대답에 대한 부담감을 적게 주고, 주제에 상관없이 모두가 쉽게 대답하고 이야기 나눌 수 있는 '참여형 질문'을 교사가 준비해 던져보자. 이러한 질문은 누구든 대답에 곤란함을 느끼지 않아 모든 학생의 참여를 쉽게 유도해낼 수 있다는 장점이 있다.

방법1 "맨눈으로 칠판을 읽기 어려운 사람은 손들어보세요" 또는 "창문 밖 저 멀리에 있는 글씨를 읽을 수 있는 사람은 손들어보세요"라고 하며 시력이나 안경, 눈이 안 좋아진 습관 등에 대해 이야기 나누게 한다.

방법2 "캠핑을 가본 사람이 있으면 일어서세요"라고 질문하여 어느 지역을 가봤는지 이야기 나누게 한다.

한 모둠이 다른 학생들에게 할 질문들을 만들어보도록 하자. 이때, 질문이 너무 개인적이거나 누군가의 비밀을 드러내지 않도록 활동 전에 질문의 범위를 정해주고 교사가 미리 질문지를 확인하도록 하자.

교사를 대상으로 학생이 질문하도록 해도 좋다. 이때, 학생들이 교사에게 자유롭게 질문할 수 있도록 허용하자. 예를 들어, 고향이 어디인지, 형제나 자매가 있는지, 반려동물이 있는지, 왜 교사가 되었는지 등의 질문을 할 수 있다.

잊을 수 없는 자기소개

이 활동은 소리, 이미지, 행동 등 다양한 방법을 통해 서로에 대한 정보를 기억하는 자기소개 활동이다. 특히, 학기 초에 서로의 이름을 외우는 데 활용하기에 안성맞춤이다.

차례

1 모든 학생들이 둥글게 원으로 선다.

2 각자 자신을 설명하는 형용사와 함께 이름을 소개하는데, 형용사의 첫 자음과 자신의 이름의 자음이 일치해야 한다. 예를 들면, "나는 서운함을 잘 느끼는 서영이야," "나는 철두철미한 철수야," "나는 수수한 수진이야" 라고 말할 수 있다. 여기에 자신을 설명하는 손동작을 함께하자. '수다쟁이 수민이'라면 손을 입 모양처럼 만들어 오므렸다 폈다 하는 행동을 할 수 있을 것이다.

3 한 사람이 자기소개를 마치면, 나머지 학생들은 그 사람의 말과 행동을 똑같이 따라 한다.

4 모든 학생들이 돌아가면서 위와 같은 방식으로 자기소개를 해보자.

학생들과 함께 긍정적인 기분을 나타내는 단어의 목록을 만들고 큰 종이에 적거나 프로젝터를 이용하여 모든 학생이 볼 수 있도록 하자. 각 학생이 자신의 현재 기분 또는 앞으로 자신이 느끼기 원하는 감정의 단어를 선택하고, 그 단어를 세 개만 사용하여 자신을 소개하는 시간을 가져보자.

• 기분 좋은 감정을 나타내는 단어들

굉장한, 훌륭한, 멋진, 근사한, 신나는, 더없이 행복한, 아름다운, 최고의, 최상의, 정말 좋은, 대단히 즐거운, 사랑스러운, 만족스러운, 홀가분한, 평화로운, 뿌듯한, 쾌활한, 자신감이 넘치는, 발랄한, 황홀한, 열광적인, 고조된, 의기양양한 등

<table>
<tr><td>활동
6</td><td>**특별한 순간 나누기**</td></tr>
</table>

📖 학생들에게 제한시간(예를 들면, 1분)을 주고 지갑이나 가방, 또는 책상 속에 있는 물건 중 자신이 누구인지를 나타낼 수 있거나 자신의 신념과 관련된 사물을 찾아보게 한다. 그리고 학생들이 선택한 물건과 그 물건에 얽힌 이야기를 반 전체나 모둠에서 나누게 한다. 이 활동을 진행하기 위해서 교사는 적절한 예시를 제공해주어야 하는데, 교사가 자신과 관련된 사람의 사진을 보여주거나 특별한 의미가 있는 기념품이나 메달 등을 준비해 보여주면서 관련된 이야기를 들려주면 된다. 교사는 학생들에게 어떤 종류의 물건에 대한 얘기를 나누는 것이 적절한지 예를 들면서 명확하게 지시해주어야 한다.

📖 아이들이 가져온 사진을 종이액자로 만들어 교실에 작은 전시회를 여는 활동도 좋을 것이다. 학생들에게 다음과 같은 사진을 가져오게 한다.

방법1 아기 때의 사진

방법2 즐거운 시간 또는 중요한 행사 때의 사진

방법3 본인에게 중요한 사람과 함께 찍은 사진

방법4 우스꽝스러운 머리모양을 하고 있었을 때의 사진

📖 동전 여러 개를 미리 준비해 주머니에 넣고 학생들에게 돌린다. 학생이 뽑은 동전이 제작된 해를 확인하고, 그해에 학생 자신과 가족에게 일어난 중요한 일에 대해 이야기를 나눈다.

두 가지 진실과 한 가지 거짓말

차례

1 소규모 모둠을 만들어 모둠 구성원들에게 각자 자신에 관한 진실 두 가지와 거짓 한 가지를 생각해보도록 한다. 이때, 진실과 거짓 모두 다른 학생들이 모르는 내용이거나 독특한 것이면 좋다.

2 모둠 안에서 차례를 정해 각자가 만들어낸 세 가지 내용을 말한다.

3 모둠원들은 어떤 내용이 진실이고, 어떤 내용이 거짓인지 추측해 보는 시간을 갖는다.

펜실베니아대학의 연구진들이 기능성자기공명영상(fMRI) 장치를 통해 사람들이 거짓말을 할 때 혈류량이 증가하는 뇌의 부분은 진실을 말할 때와 다르다는 것을 발견했다. 질문에 거짓으로 대답할 때는 집중과 판단, 오류발견의 역할을 담당하는 대뇌의 전측 대상회(anterior cingulate gyrus)부분과 좌뇌의 전운동영역(pre-motor cortex)부분이 활성화되는 것으로 밝혀졌다.

계속 움직이기

활동 8

차례

1. 탁 트인 공간에서 학생들이 옹기종기 모여 서도록 한다. 교사는 빠르고 활기 넘치는 음악을 틀어준다.

2. 음악이 시작되면 학생들은 고개와 팔을 아래로 떨구고 시선은 그대로 바닥을 향한 채 원시인처럼 "우가차카 우가우가"라고 외치며 주변을 돌아다닌다.

3. 음악이 멈추면 학생들도 멈춰 서서 교사의 지시를 기다린다.

4. 교사가 "가장 가까이 있는 친구 두 명의 손을 만지세요", "파란색 물건을 두 개 만지세요", "오른쪽 팔꿈치를 누군가의 무릎에 얹으세요", "왼쪽 손을 누군가의 신발 위에 얹으세요" 등의 지시를 하면 학생들은 교사가 숫자를 5까지 셀 동안 지시사항을 수행하러 바삐 다닌다.

5. 다시 음악을 틀면 학생들은 교사가 다음 지시사항을 말할 때까지 고개와 팔을 아래로 떨구고 바닥을 보며 돌아다닌다.

초능력을 갖게 된다면

📙 만약 초인적인 능력을 갖게 된다면 어떤 능력을 갖고 싶은지 학생들에게 모둠별로 앉아서 이야기 나누게 한다. 하늘을 나는 능력, 투명인간이 되는 능력, 어마어마하게 큰 힘을 쓸 수 있는 능력 등의 의견이 나올 수 있을 것이다. 또는 날아다니는 파리를 어지럽게 하는 능력, 쿠폰이 없어도 늘 쿠폰가격으로 물건을 살 수 있는 능력 등 아주 구체적이면서도 특이한 의견을 내는 학생들도 있을 것이다.

📙 수업시간에 갖고 싶은 초능력을 모둠별로 하나 선택하게 한다. 그리고 각 모둠이 어떤 초능력을 골랐는지 그 이유와 함께 발표하게 한다. 초능력이 자신의 생활에 어떤 변화를 일으킬 수 있을지 반 전체 앞에서 모둠원들 모두가 돌아가며 가능한 구체적으로 한마디씩 하게 해도 재미있을 것이다.

② 최신 매체 이용하기

인터넷, 이메일, 스마트폰, SNS(social network service, 사회관계망서비스)와 같은 혁신적인 전자기술과 제품의 출현에 따라 빠르게 변화하는 환경 속에서 우리의 뇌는 끊임없이 자극을 받는다. 이러한 최신 매체들을 이용하는 것은 학생들 간 돈독한 관계를 유지하는 것은 물론 교사와 학생 간 친밀한 관계를 유지하는 데에도 효과적이다. 또한 구성원 간의 긍정적인 관계는 정서적 안정뿐만 아니라 인지발달에도 중요한 역할을 한다.

활동 1 마음에 드는 명언 찾기

📖 학생들에게 각자 자신의 이메일 아래에 첨부할 명함을 만들게 한다. 그리고 그 명함에 적을 문구를 찾아보는 활동을 진행한다. 모둠원들에게 1주일 정도의 시간을 주고 명언을 만들거나 찾아오게 한다. 10개 정도의 명언을 학생들에게 준 뒤, 인상 깊은 순서를 정하게 하거나 가장 인상 깊은 명언 하나를 고르게 할 수도 있다.

📖 학생들이 모둠별로 인터넷카페를 만들어 활동하고 있다면, 각 카페의 대문에 걸어둘 멋진 문구를 결정하게 한다.

📖 학생들이 모둠별로 프레젠테이션을 할 기회가 있다면, 발표할 때 사용할 파워포인트의 첫 표지를 미리 함께 만들어보게 한다. 예쁜 색상과 글꼴을 이용해 모둠 이름과 멋진 명언을 함께 넣어 만들도록 한다.

활동
2
내 SNS에 있는 것은

🔋📱 학생들이 자신의 SNS나 휴대전화, 인터넷계정에 어떤 콘텐츠(영상, 음악, 이미지 등)를 보유하고 있는지 서로 비교하게 한다.

이 활동은 학생들의 유대감을 강화하고 서로에 대한 관심을 높이는 활동이다. 단, 최신 기기를 갖고 있지 않은 학생들이 소외감을 느끼는 일이 없도록 각별히 유의한다. 이메일이나 SNS와 같이 많은 학생들이 쉽게 접속할 수 있는 도구를 활용하는 것이 좋다. 모둠 단위로 사진 등의 콘텐츠를 자유롭게 확보하도록 한 뒤 서로 비교해보게 하는 것도 좋다.

활동
3
내가 고른 웹사이트

🔋📱 학급 블로그를 개설해 운영하는 교사들이 많다. 학급 블로그에 링크해두고 자주 들르는 웹사이트를 모둠별로 한 개씩 추천하게 한다. 그리고 그 웹사이트를 선택한 이유와 활용방안에 대해서 반 전체 앞에서 이야기하게 한다.

3 몸과 마음을 모으는 모둠활동

뇌과학 링크 ▶▶▶

인간의 뇌는 본능적으로 사회적 협동을 보람된 활동으로 받아들인다(Rilling et al., 2002). 다음과 같은 집단활동을 하면 개인보다는 집단에 집중하게 되고 구성원 간에 위화감이 줄어들며 좋은 교실분위기가 조성되어 결과적으로는 학생들의 공동체 의식이 고취된다.

활동 1

종이보트게임

차례

1 5-8명 규모의 모둠을 만든다.

2 둥글게 원을 만들어 안쪽을 향해 서로 어깨가 닿을 정도로 가까이 선다.

3 각 모둠에서 한 명씩 나와 8절지 크기의 종이를 받아간다.

4 그 종이 위에 모둠의 모든 구성원이 올라서도록 한다. 이때 어떤 신체 부위도 바닥에 닿으면 안 된다.

5 교사가 미션 성공을 외칠 때까지 모둠은 종이 위에서 자세를 바꾸지 않고 서 있어야 한다. 각자 창의적인 방법으로 미션을 달성하는 것이 이 활동의 묘미이다.

6 미션을 성공하면 종이를 반으로 접어 다시 모든 구성원이 종이 위에 올라가도록 한다. 가장 작은 종이 위에 서는 모둠이 승리한다.

발로 페이지 넘기기

1 교사는 교실 바닥에 깔아둘 종이나 수건, 쓰레기봉투처럼 평평한 물건을 준비한다.

2 물건의 크기에 따라 학생들을 4–8명 정도의 모둠으로 엮는다.

3 물건 위에 모두가 올라서게 한다. 한 명도 교실 바닥에 발을 딛지 않아야 하고, 모둠의 학생들이 합심하여 발만 사용해서 이 평평한 물건을 페이지를 넘기듯 뒤집고 서 있어야 한다.

매우 재미있는 활동이지만 이 활동은 반응편차가 다양할 수 있어 학생들끼리 서로 친숙해지고 나서 시도하는 것이 좋다.

마음으로 눈 맞추기

1 2명씩 짝을 이룬다. 학생 A는 눈을 감고, 학생 B는 A의 양쪽 눈 중 한쪽 눈만 쳐다본다.

2 눈을 감은 A는 자신이 눈을 뜰 때 B가 자신의 어느 쪽 눈을 쳐다보고 있을지 느낌으로 예측한다.

3 준비가 되면, B가 A에게 한쪽 눈을 뜨라고 말해준다. A가 한쪽 눈을 뜰 때 B가 쳐다보고 있던 눈을 A가 떴다면 B는 점수를 얻게 된다. 5점을 얻을 때까지 게임을 계속한다.

유목민이 사는 집

몽골부족 등의 유목민족이 나뭇가지나 펠트천을 엮어 만든 천막식 집인 유르트(yurt)를 본 적이 있는가? 수업에서 학생들의 집단적 역동성이나 상호 의존성을 키우기 위해 이 집의 형태에 착안해 활동해보는 것도 좋다.

차례 **1** 모든 학생들을 큰 원 모양으로 서게 하고, 중앙을 향하게 하여 서로를 바라보게 한다.

2 학생들이 번갈아 가며 '홀', '짝'으로 구령하도록 한다. 이때 참여자의 수는 짝수여야 하고, 숫자가 여의치 않다면 교사가 함께 참여하여 짝수로 만든다.

3 구령이 끝나면 '홀수/짝수 번호는 손을 드세요'라고 물어봄으로써 자신의 번호가 홀수인지 짝수인지 다시 한 번 확인시킨다.

4 모든 학생들이 손을 잡게 한다.

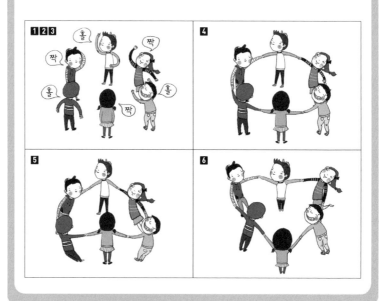

⑤ 짝수 번호의 학생들은 천천히 그리고 부드럽게 원 중앙을 향해 앞으로 몸을 기울인다. 홀수 번호의 학생들은 반대로 바깥을 향해 몸을 뒤로 서서히 기울인다. 이때 모든 학생들은 움직이지 않은 채 발을 바닥에 고정시켜야 한다.

⑥ 짝수 번호와 홀수 번호 학생들이 몸을 기울이는 방향을 서로 바꿔 가며 여러 번 시도해본다. 몸을 기울이는 방향을 계속 바꿔가며 움직일 때, 자신이 옆 친구에 의지하여 균형을 잡고 있다는 것을 느낄 수 있을 것이다.

힘 모아 풀기

차례 ① 5-8명 규모의 모둠을 만든다.

② 각 모둠은 서로 어깨와 어깨가 닿을 정도의 좁은 원을 만들어 선다.

③ 오른손으로 모둠원 한 사람의 손을 잡고 왼손으로는 또 다른 모둠원의 손을 잡는다. 이렇게 되면 좁은 원의 중간에는 손과 팔이 뒤엉켜 있는 상태가 될 것이다.

④ 교사가 적절한 신호를 보내면 학생들은 서로의 손을 놓지 않은 상태에서 이 엉킨 상태를 풀어야 한다.

⑤ 서로의 엉킨 손을 풀어낸 모둠은 환호하며 손을 흔든다. 이런 방식으로 활동의 성공을 함께 축하한다.

임무수행 보고하기

이 활동은 학생들의 공동체 의식을 함양할 뿐만 아니라 상태 변화를 유도한다. 과제를 수행한 뒤 교사와 논의하는 시간을 갖는다면 학생들은 문제를 바라보는 통찰력을 기르고 배움을 체화하며 자신에 대한 이해를 높일 수 있다. 임무수행 보고시간의 가장 기본적인 질문은 아래와 같이 두 가지로 요약될 수 있다.

1 무슨 일이 일어났나?

교사는 과제를 수행할 때 학생들에게 무슨 일이 일어났는지 질문함으로써 논의를 진행한다. 과제가 어려웠는지, 중간에 포기하고 싶지는 않았는지, 무엇이 가장 힘들었는지, 과제를 끝냈을 때 기분이 어땠는지 등을 물어볼 수 있다. 활동을 하는 동안 일어난 일들을 모두 함께 공유하는 좋은 시간이 될 것이다.

2 나의 삶에 비추어 본다면?

활동에서 배운 내용을 각자의 삶에 연관시켜 이야기할 수 있도록 하자. '배운 것과 실제 생활이 잘 맞아떨어지는가?', '어려웠던 일을 다시 겪지 않으려면 어떻게 해야 할까?', '공동으로 과제를 할 때 서로 하지 말아야 할 행동엔 어떤 것이 있을까?'에 대해 이야기 나눈다. 이 활동을 통해 모둠 구성원은 서로를 더 깊이 알게 되며 자신에 대해서도 더 잘 알 수 있다.

목록 채우기

📖 학생들을 둘씩 짝 지우거나 네 명이 넘지 않는 작은 모둠으로 앉힌 후, ㄱ–ㅎ과 같은 한글 자음이나 알파벳 A–Z가 세로로 순서대로 적힌 종이를 나누어준다. 주제를 주고 각 문자로 시작하는 단어들을 옆으로 적어가며 목록을 채워 나가게 하는 것이다. 모둠 학생들에게 반 전체가 작성할 목록의 주제를 정해보게 하는 것도 재미있다.

방법1 수업시간에 배운 내용에 관련된 단어들로 알파벳 리스트를 채워보게 한다. 예를 들어, 문학시간이라면 ㅅ(시옷)에는 '수필'을 적을 수 있을 것이다. 가장 먼저 목록을 채운 모둠이나 가장 많은 단어로 목록을 채운 모둠이 이긴다.

방법2 이 활동을 통해 공동체 의식을 키울 수도 있다. 예를 들어, 학생들은 체험학습 중에 표지판에서 본 단어만으로 목록을 완성한다. 충분히 납득이 간다면 학생들의 창의적인 대답도 모두 인정해주도록 하자.

방법3 다양한 주제로 목록 채우기 활동을 해보자. 가령 A에서 Z까지 쇼핑목록을 만들어볼 수 있고, 음식점 이름으로 ㄱ–ㅎ 목록을 채울 수도 있다.

4 즐거움 자체가 목적인 활동

뇌과학 링크 ▶▶▶

교사는 최적의 학습환경을 조성하기 위해 도전해볼 만한 과제를 제시하고, 전면적으로 학습을 지원할 뿐만 아니라 위협요소들을 제거해야 한다. 스트레스 호르몬을 줄이고 기분을 좋게 하며 창의력을 증진시킬 뿐 아니라 고통을 줄이고 면역력을 높이며 혈압을 낮추는 효과가 있는 것은 바로 '웃음'이다.

의도한 유머든 자연스런 유머든 상관없이 웃음은 학생이 교실에서 혹은 수업 중에 느끼는 긴장감을 완화하는 데 도움이 된다. 300명의 대학생을 대상으로 시행한 최근의 연구에서 학생들은 유머를 구사하는 교사를 그렇지 않은 교사에 비해 더 인간적이고 접근하기 편하고 동기부여를 잘 하는 것으로 느낀다는 점이 밝혀졌다(Wanzer & Frymier, 1999).

웃음은 혈액 내의 산소 공급량을 증가시킴으로써 두뇌를 활성화한다. 웃음과 뛰어난 유머감각은 스트레스를 줄여주는데, 스트레스의 감소는 심장병과 같은 질병의 발생 위험을 줄이며 각종 치료의 결과를 호전시키는 것으로 알려져 있다(Hassed, 2001). 또한 유머는 면역체계를 활성화시킨다. 최근의 연구에 따르면 유쾌하게 웃고

떠드는 기회를 많이 가진 환자일수록 면역기능이 높아진다(Bennett, Zeller, Rosenberg, & McCann, 2003).

실없는 농담을 한마디 던지는 단순한 활동조차도 뇌에 좋은 영향을 미친다. 농담을 주고받는 일에는 뇌의 많은 부분이 쓰인다. 들은 농담을 순간적으로 기억하면서 되받아칠 때 작업기억이 작동하고, 유머를 이해하려면 인식전환능력을 활성화시켜 익숙한 것을 새로운 각도로 봐야 하며, 추론기능을 살려 상대방의 표현의도를 파악해야 하고, 언어인식능력으로써 말귀를 알아듣고 재치 있게 되받아친다. 연구에 따르면 재미있는 농담을 주고받을 때 뇌의 여러 부분이 자극을 받기 때문에 농담은 뇌에 활력을 주는 정신운동이라고 한다(Shammi & Stuss, 1999).

때때로 나는 '간단한 마술'과 같이 특이하고 재미있는 수업활동들을 소개한다. 이런 활동들은 학습자들의 '호기심을 유발시키는 데' 탁월하다. 호기심 연구분야에서 혁신적인 인물로 심리학자 다니엘 벌라인(Daniel Berlyne)이 있다. 그는 신경생물학적 관점에서 호기심이 탐색행동(exploratory behavior)과 연관되어 있다고 주장하면서 호기심을 두 가지 형태로 구분했다. 하나는 주의전환 탐색(지루함에서 벗어날 방안 찾기)이고, 다른 하나는 특정대상 탐색(불확실성, 개념적인 대립에 대해 호기심을 보이는 경우)이다. 교육자들은 이 중 특정대상 탐색으로서의 호기심에 높은 관심을 보인다. 벌라인은 특정대상에 대한 호기심을 지적 호기심의 범주에 속한 것으로 분류하면서, '지적 호기심은 지식을 추구하다가 지식을 획득하게 되면 해소된다'고 했다(Berlyne, 1960, p. 274). 이 부분에서 소개할 특이한 활동들, 심지어 수업내용과 무관하게 단지 즐거움과 웃음만을 유발시킬 것 같은 활동들은 교실에서 학생들의 호기심을 자극하는 뇌의 특정 부위를 활성화함으로써 학습에 큰 도움을 줄 것이다.

교사는 적절한 타이밍을 포착하여 이렇게 여러 가지 효과가 있는 유머와 즐거움을 교실에서 의도적으로 유발해야 한다.

신나는 음악 틀고 춤추기

익숙하고 유명한 댄스음악을 들려주고 자유롭게 시간을 보내도록 한다. 단, 자리에 앉지는 못하게 한다. 잘 알려진 가요나 팝송 등을 틀어놓고 진행한다. 학생들은 웃음이 넘치고 재미있는 시간을 가질 수 있을 뿐만 아니라 춤을 추면서 하는 반복적인 대근육운동을 통해 도파민 수치가 높아지고 상쾌한 기분을 갖게 될 것이다.

장기자랑

학생들에게 다른 친구들 앞에서 보여주고 싶은 장기가 있는지 생각해보게 하자. 예를 들면, 유명인의 성대모사라든지 혀를 말거나 귀를 움직이는 것, 어렵거나 인기 있는 춤을 추는 것 등 교실에는 다양한 장기를 지닌 학생들이 있을 것이다. 수업시간에 서로의 새로운 모습을 보고 각자 자신의 장기를 뽐내면서 즐겁고도 기억에 남는 시간을 갖게 될 것이다.

학생들의 장기목록을 만들어보자. 그리고 한 학기 동안 상태변화가 필요할 때마다 한 명씩 나와 자신의 장기를 보여주는 시간을 갖자.

간단한 마술 ① – 사라지는 다리

대부분의 아이들은 마술을 좋아한다. 또 어느 정도는 뻔하고 만만한 활동을 보는 것도 즐거워한다. 이 둘을 엮어 교사들도 할 수 있는 '간단한 마술'을 배워보자. 이 마술은 속임수가 너무나 뻔해서 학생들로 하여금 탄성과 실소를 자아낼 수 있다는 면에서 더욱 성공적인 상태변화 활동이다. 심지어 다루기 가장 어려운 학생들의 반응까지도 쉽게 얻어낼 수 있다. 교사가 직접 이 마술을 보여줄 수도 있고, 학생들을 그룹으로 나누어 각 그룹마다 다른 마술 속임수들을 가르쳐준 후, 서로에게 보여주게 할 수도 있다.

📖 '사라지는 다리'는 간단한 마술 중 하나이다. 교사는 다리를 가릴 만한 수건이나 외투 등을 들고 학생들 앞에 선다.

차례
1 교사는 우선 외투를 들어 올려 멀쩡히 있는 두 다리를 보여준다.
2 외투를 내려 다리를 가린다.
3 다리가 가려져 있을 때, 교사는 한쪽 다리를 뒤쪽으로 굽혀 올린다.
4 외투를 다시 들어 올려, 한쪽 다리가 명백히 사라졌음을 보여준다.
5 그다음 외투를 다시 내려 다리를 가린다.
6 '사라졌던' 한쪽 다리를 다시 내려 두 다리로 선다.
7 외투를 다시 올려 '되찾은' 다리를 보여주며 혹여 놀랐을 학생들의 마음을 안심시키는 몸짓을 하며 마무리한다.

간단한 마술 ② -줄어드는 팔

우리 몸은 실제 위협상황에 처하거나 위협을 감지하는 상황에 놓일 때 정신적으로 또 신체적으로 반응한다. 이는 교실에서도 마찬가지다. 위협을 느끼면 본능적인 생존을 담당하는 뇌의 원초적인 영역이 영향을 받게 되어 학생들은 다운시프트 상태에 이르게 된다. 이러한 상태가 되면 새로운 학습이 일어나는 데 중추적인 역할을 하는 신피질(neocortex)에 자유롭게 접근하기 어려워져 학습이 제대로 이루어지지 않을 수 있다.

친구들 간에 장난이 지나치거나 시험을 앞두고 있을 때처럼 긴장이나 스트레스를 느낄 때, 우리 몸이 어떤 영향을 받는지 학생들과 이야기 나누는 시간을 가져보자. 아래 활동은 이럴 때 유용하게 활용할 수 있을 것이다.

차례

1 모든 학생들은 벽에 팔을 뻗어 손가락 끝이 벽을 스칠 정도의 간격을 두고 벽을 바라보고 선다.

2 벽과의 거리를 유지한 상태에서 학생들은 한 손 주먹을 쥐고 주먹 쥔 손의 팔을 오른쪽 방향으로 10회 굽혔다 폈다 하면서 팔근육 운동을 한다.

3 10회를 다 하면 교사는 학생들에게 벽에 팔을 뻗어 짧은 시간에 각자의 팔 길이가 얼마나 '줄어들었는지' 확인해보게 한다.

4 벽과의 거리를 유지한 상태에서 이번에는 학생들에게 팔을 편안하게 두거나 흔들어 근육의 긴장을 풀어보게 한다. 그 후 벽과의 거리를 다시 재보게 한다. 학생들은 팔이 원래 길이로 늘어나 있음을 발견하게 될 것이다.

활동 5 수건으로 통닭 만들기

차례

1 수건을 세로로 길게 놓는다.

2 수건 양 끝을 안쪽으로 돌돌 말아 가운데에서 만나도록 한다. 그러면 두 개의 롤이 생긴다.

3 돌돌 말은 모양이 바깥쪽으로 가도록 하여 절반을 접는다.

4 이제 한쪽에 4개의 롤이 모여 있을 것이다.

5 각 롤의 안쪽에 말려 들어가 있는 수건 끝을 조금만 잡아당겨 뾰족하게 뽑아낸다.

6 왼쪽에 튀어나온 두 개의 수건 끝을 왼손으로 잡고, 오른쪽에 튀어나온 수건 끝은 오른손으로 잡은 뒤, 잠시 뜸을 들인 다음 잡고 있던 수건 끝을 양쪽으로 잡아 당기며 "통닭" 하고 외친다.

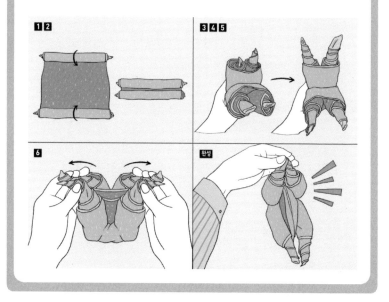

예술작품 뽐내기

차례 **1** 학생들이 모두 일어서서 둘씩 짝을 이루게 한다.

2 한 학생을 'A' 다른 학생을 'B'라고 지정한다.

3 A는 예술가가 되고 B는 예술가의 진흙덩어리가 되어 다리를 굽히며 털썩 주저 앉는다.

4 A는 B를 조각상으로 만들기 위해 B의 몸을 움직여 특이한 포즈를 잡도록 한다.

5 활동이 끝났을 때 B는 A가 만든 조각상의 자세를 그대로 유지한다. A 역할을 한 학생들은 조각상들이 놓인 교실에 모두 들어와 서로의 조각상을 보면서 칭찬한다.

6 역할을 바꿔 B가 예술가가 되고 A가 진흙덩어리가 되어 활동을 다시 해본다.

네 명 또는 여섯 명으로 구성된 여러 모둠을 만들고 그 모둠들을 예술가 모둠과 진흙덩어리 모둠으로 구별해준다. 그런 뒤 두 모둠이 만나 집단적으로 작품활동을 하게 한다.

학생들에게 움직일 수 있는 예술작품을 만들 수도 있음을 알려준다.

Ackerman, S. (1992). Discovering the brain. Washington, DC: National Academy Press.

Adamson, G., O'Kane, D., & Shevlin, M. (2005). Students' ratings of teaching effectiveness: A laughing matter? *Psychological Reports, 96*(1), 225-226.

Alden, D. L., Mukherjee, A., & Hoyer, W. D. (2000). The effects of incongruity, surprise and positive moderators on perceived humor in television advertising. *Journal of Advertising, 29*(2), 1-16.

Anders, C., & Berg, C. A. R. (2005). Factors related to observed attitude change toward learning chemistry among university students. *Chemistry Education Research & Practice, 6*(1), 1-18.

Ariel, G. (1978). Computerized dynamic resistive exercise. In F. Landry & W. A. R. Orban (Eds.), *Mechanics of sports and kinanthropometry* (Book 6, pp. 45-51). Miami, FL: Symposia Specialists.

Ashcraft, M. H., & Kirk, E. P. (2001) The relationships among working memory, math anxiety, and performance. *Journal of Experimental Psychology: General, 130*, 224-237.

Bennett, M. P., Zeller, J. M., Rosenberg, L., & McCann, J. (2003), The effect of mirthful laughter on stress and natural killer cell activity. *Alternative Therapies in Health and Medicine*, 9(2), 38-45.

Berg, C. A. R. (2005). *Learning chemistry at the university level: Student attitudes, motivation, and design of the learning environment.* Unpublished doctoral dissertation, Umea University, Sweden.

Berlyne, D. E. (1960). *Conflict, arousal, and curiosity.* New York: McGrew-Hill.

Bernardi, L., Wdowczyk-Szulc, J., Valenti, C., Castoldi, S., Passino, .C., Spadacini, G., & Sleight , P. (2000). Effects of controlled breathing, mental activity and mental stress with or without verbalization on heart rate variability. *Journal of American College of Cardilogy, 35,* 1462-1469.

Berninger, V., & Rutberg, J. (1992). Relationship of finger function to beginning writing: Application to diagnosis of writing disabilities. *Developmental Medicine and Child Neurology*, 34, 198-215.

Berns, G. S., Cohen, J. D., & Mintun, M.A. (1997). Brain regions responsive to novelty in the absence of awareness. Science, 276, 1272-1275.

Birnbaum, M.H. (1993). Vision disorders frequently interfere with reading and learning. *Journal of Behavioral Optomerty, 4*(3), 66, 69-71.

Bischoff-Grethe, A., Marthin, M., Mao, H., & Berns, G.S.(2001). The context of uncertainty modulates the subcortical response to predictability. *Journal of Gognitive Neuroscience*, 13, 986-993.

Blaydes, J. (2001). *How to make learning a moving experience* Richardson, TX:Action Based Learning.

Blood, A. J., &Zatorre, R. J. (2001). Intensely pleasurable responses to music correlate with activity in brain regions implicated in reward and emotion. *Proceedings of the National Academy of Science, 98*(20), 11818-11823.

Botwinick, J. (1997). *Developing musical/rhythmic intelligence to improve spelling skills.* Master's projest, Kean College, Union, NJ.

Burnett, K. M., Solterbeck, L. A., & Strapp, C. M. (2004). Scent and mood state following an anxiety-provoking task. *Psychological Report, 95*, 707-722.

Burns, L.H., Annett, L., Kelley, A. E., Everitt, B.J., & ROBBINS, T.W.(1996). Effects of lesions to amygdala, ventral subiculum, medial prefrontalcortex and nucleus accumvens on the reaction to nov-elty: Implications for limbic-striatal interactions. *Behavioral Neuroscience, 110*, 60-73.

Burns, R. A. (1985). *Information impact and factors affecting recall.* Paper presented at the annual National Conference on Teaching Excellence and Conference of Administrators, Austin, TX.(ERIC Document Reproduction Service No. ED258639)

Cahill, L., & McGaugh, J. L. (1998). Mechanisms of emotional arousal and lasting declarative memory. *Trends in Neuroscience*, 21, 294-299.

Caine, G., R. N. & Crowell, S. (1999). MindShifts: A brain-compatible process for professional development and the renewal of education. Tucson, AZ:Zephyr Press.

Calvin, W. H. (1996) How brains think. New York: Basic Books.

Canfield, J., & Hansen, M. V. (1993). *Chicken soup for the soul: 101 stories to open the heart and rekindle the spirit.* Deerfield Beach, FL: Health Communications.

Case-Smith, J., & Pehoski, C.(Eds.). (1992). Development of hand skills in the child. Bethesda, MD: American Occupational Therapy Association.

Christakis, D. A., Zimmermal, F., DiGiuseppe, D., & McCarty, C. (2004). Early television exposure and subsequent attentional problems in children. Pediatrics, 113(4), 708-713.

Cockerton, T., Moore, S., & Norman, D. (1997). Cognitive test per-formance and background music. *Perceptual and Motor Skills, 85,* 1435-1438.

Dennison, P.(1989). *The brain gym.* Ventura, CA:Edu-Kinesthetics.

DePorter, B. (1992). Quantum learning. New York: Dell.

Diamond, M. C. (1988). *Enriching heredity.* The impact of the environ-ment on the anatomy of the brain. New York: Free Press.

Diamond, M. C., & Hopson, J. (1998). *Magic tree of the mind.* NewYork: Dutton.

Diego, M.A., Jones, N.A., Field, T., Hernandez-Rief, M., Schanberg, S., Kuhn, C., et al. (1998). Aromatherapy positively affects mood, EEG patterns of alertness and math computations. *International Journal of Neuroscience, 96*(3/4), 217-224.

Druckman, D., & Sweets, J. (1988). *Enhancing human preformance: Issues, theories, and techniques.* Englewood Cliffs, NJ:Prentice Hall.

Duffee, R.A., & Koontz, R. (1965). Behavioral effects of ionized air on rats. *Psychophysiology, 1*(4), 347-359.

Erecinska, M., & Siver, I. (2001). Tisssue oxygen tension and brain sensitivity to hypoxia. *Respiration Physiology, 128*(3) 263-276.

Featherstone, H. (Ed.). (1986, September). Cooperative learning. *Harvard Education Letter,* pp. 4-6)

Feehan, M., McGee, R., Williams, S. M., & Nada-Raja, S. (1995). Models of adolescent psychopathology:Childhood risk and the transition to adulthood. *Journal of the American Academy of Child and Adolescent Psychiatry,* 34(5), 670-679.

Fisher, A. G. (1991). Vestibular-proprioceptive processing and bilateral integration and sequencing deficits. In A. G. Fisher, E.A.Murray, & A.C. Bundy(Eds.), *Sensory integration theory and practice* (pp. 71-72,77). Philadelphia: F.A. Davis Company.

Flapper, B.C., Houwen, S., & Schoemaker, M. M. (2006). Fine motor skills and effects of methylphenidate in children with attention-deficit-hyperacivivity disorder and developmental coordination disorder. *Developmental Medicine and Child Neurology, 48*(3), 165-169.

Fletcher, P. C., Shallice, .M & Dolan, R. J. (1998). The functional roles of the prefrontal cortex in episodic memory. Brain, 121, 1239-1248.

Gagne, R. M. (1985). *The conditions of learning and theory of instruction.* Fort Worth, TX:Holt Rinehart & Winston.

Glasser, W. (1986). *Control theory in the classroom.* New York: Perennial Library.

Goetz, E. T., & Sadoski, M. (1996). Imaginative processes in literary comprehension: Bringing the text to life. In R. J. Kreuz & M. S. MacNealy(Eds.), *Empirical approaches to the study of litera-ture and aesthetics*(pp. 221-240). Norwood, NY:Ablex.

Grossman, E, Grossman, A., Schein, M. H., Zimlichman, R., & Gavish, B. (2001). Breathing-control lowers blood pressure. *Journal of Human Hypertension, 15,* 263-269.

Gully, S. M., payne, S. C., Kiechel Koles, K. L., & Whiteman, J. A.(2002). The impact of error-training and individual differences on training outcomes: An attribute-treatment interaction perspective. *Journal of Applied Psychology, 87*(1), 143-155.

Guy, S. C.,&Cahill, L.(1999). The role of overt rehearsal in enhanced conscious memory for emotiona events. *Conscious Cognition, 8*(1), 114-122

Hall, L. M., & Belnap, B. P. (2002). *The sourcebook of magic.* Williston, VT: Crown House.

Han, S., Hur, M., Buckle, J., Choi, J., & Lee, M.(2006). Effects of aromatherapy on symptoms. of dysmenorrhea in college students: A randomised placebo-controlled clinical trial. *Journal of Alternative Complementary Medicine, 12,* 535-541.

Hannaford, C. (1995). *Smart moves: Why learning is nat all in your head.*

Arlington, VA: Great Ocean Publishers.

Hart, L.(2002). *Human brain and human learning* (3rd ed.). New York: Books for Educators.

Hassed, C. (2001). How humour keeps you well. *Australian Family physician,* 30(1) 25-28

Hastings, n., & Wood, K. C. (2002). *Reorganizing primary classroom learning.* Buckingham, UK: Open University Press.

Hatifield, T., & McGaugh, J. L. (1999). *Norepinephrine infused into the basolateral amygdala posttraining enhaces retention in a spatial water maze task.* Neurobiology of learning and Memory, 71, 232-239.

Hathaway, W. E., Hargreaves, J. A., Thompsom, G. W., & Novitsky, D. (1992). *A study into the effects of lifht on children of elementary school age:* A case of daylight robbery. Edmonton, Canada: Alberta Education.

Hawkins, L. H., & Barker, T. (1978). Air icons and human performance. *Ergonomics,* 21(4), 273-278.

Heiervang, E., & Hugdahl, K. (2003). Impaired visual attention in children with dyslexia. *Learning Disabilities,* 36(1), 68-73.

Heschong Mahone Group.(1999). *Daylighting in schools: An investigation into the relationship between daylighting and human performance* (Report No. HMG-R9803). (ERICK Document Reproduction Service No. ED444337)

Hirschi, T. (1969). *The causes of delinquency.* Berkeley: University of California Press.

Hoffman, L. G. (1980). Incidence of vision difficulties in children with learning disabilities. *Journal of the American Optometrist Association,* 51(5).447-451.

Holloway, J. (2000). Extracurricular activities: The path to academic success? *Educational Leadership,* 57, 4.

Imura, M., Misao, H., & Ushijima, H. (2006). The psychological effects of aromatherapy-massage in healthy postpartum mothers. *Journal of Midwifery & Women's Health,* 51, 21-27.

Jacobs, B. L., & Fornal, C. A. (1997). Serotonin and motor activity. *Current Opinion in Neurobiology,* 7(6), 820-825.

Jacobs, W. J., & Nadel, L. (1985). Stress-induced recovery of fears and phobias. *Psychological Review,* 92, 512-531.

James, W. (1980). Writings from 1878 to 1899: *psycholgy/Briefer course/The will to believe/Talks to teachers and students/Essays*(G. E. Myers, Ed.). New York: The Library of America.

Jensen, E. (2000). *Learning with the body in mind.* San Diego, CA: The Brain Store.

Johnstone, A. H., & Percival, F. (1976). Attention breaks in lectures. *Education in Chemistry,* 13, 49-50.

Klein, H. J., & Kim, J. S. (1998). A field study of the influence of situational constraints, leader0member exchange and goal commitment of performance. *Academy of Management Journal,* 41, 88-95.

Klein R., Pilon, D., Prosser, s., & Shannahoff-Khalsa, D. (1986). Nasal airflow asymmeteries and human performance. *Biological Psychology,* 23, 127-137.

Koester, C. (2001). The effect of brain gym on reading abilities. *Brain Gym Journal,*

15. Available from http://braingym.org.

Kranowitz, C., Szklut, S., Balzer-martin, L., Haber E., & Sava, D. (2001). *Answers to questions teachers ask about sensory integration:* Forms, checklists and practical toos for teacher and parents. Las Vegas, NV: Sensory Resources.

Langer, J. A. (2001). Succeeding against the odds in English. *English Journal,* 91(1), 37-42.

Langleben, D., Austin, G., Goris, M., & Strauss, H. W. (2001).

Evaluation of right/left asymmetries in regional cortical blood flow in prepubescent boys with attention deficit hyperactivity disorder. *Nuclear Medicine Communication,* 22(12), 1333-1340.

Ledoux, J. (1996). *The emotional brain.* New York: Simon & Schuster.

Leggio, M., Molinari, M., Neri, P., Graziano, A., Mandolesi, L., & Petrosini, L. (2000). Representation of actions in rats: The role of cerebellum in learning spatial performances by observation. *Neurobiology,* 97(5), 2320-2325.

Lehrner, J., Marwinski, G., Lehr, S., Johren, P., & Deecke, L. (2005). Ambient odors of orange and lavender reduce anxiety and improve mood in a dental office. *Physiology of Behavior,* 86, 92-95.

Leshchinskaia, I. S., Makarchuk, N. M., Lebeda, A. F., Krivenko, V. V., & Sgibnev, A. K. (1983). Effects of phytoncides on the dynamics of the cerebral circulation in flight controllers during their occupational activity. *Kosmicheskaia Biologiia i Aviakosmicheskaia Meditsina,* 17(2), 80-83.

Levinthal, C. (1988). Messengers of paradise: Opiates and the brain: *The struggle over pain, rage, uncertainty, and addiction.* New York: Anchor/Duoubleday.

Lewith, G. T., Godfrey, A. D., & Prescott, P. (2005). A single-blinded, randomized pilot study evaluting the aroma of Lavandula augustifolia as a treatment for mild insomnia. *Journal of Alternative Complementary Medicine, 11,* 631-637.

MacElveen-Hoehn, P., & Eyres, S. J. (1984). Social support and vulerability: State of the art in relation to families and children. *Birth Defects Original Article Series, 20*(5), 11-43.

McBride, C. M., Curry, S. J., Cheadle, A., Anderman, C., Wagner, E. H., & Diehr, P. (1995). School-level appplication of a social bonding model to adolescent risk-taking behavior. *Journal of School Health, 65*(2), 63-68.

McHale, K. & Cermak, S. (1992). Fine motor activities in elementary school: Preliminary findings and provisional implications for children with fine motor problems. *American Journal of Occupational Therapy, 46*(10), 898-903.

Miles, J. A., & Klein, H. J. (1998). The fairness of assigning group members to tasks. Group and Organization Management, 23, 71-96.

Miller, M. (2000). *Laughter is good for your heart.* Baltmore: University of Maryland Medical Center.

Morton, L. L., & Kershner, J. R. (1984). Negative air ionization improves memory and attention in learning-disabled and mentally retarded children. *Journal of Abnormal Child Psychology, 12*(2), 353-365.

Oleson, T. (2002). Auriculotherapy stimulation for neuro-rehabilitation. *NeuroRehabilitation 17,* 49-62.

Palmer, L. (1980). Auditory discrimination through vestibulocochlear stimulation. *Academic Therapy, 16*(1), 55-70.

Peyton, J. L., Bass, W. T., Burke, B. L., & Frank, L. M. J. (2005). Novel motor and somatosensory activity is associated with increased cerebral cortical blood volume measured by near-infrared optical topography. *Child Neurology, 20*(10), 817-821.

Piek, J. P., Baynam, G. B., & Barrett, N. C. (2006). The relationship between fine and gross motor ability, self-perceptions and self worth in children and adolescents. *Human Movement Science, 25*(1), 65-75.

Rauscher, F. H., Shaw, G. L., & Ky, K. N. (1993). Music and spatial task performance. *Nature,* 365, 611.

Rilling, J. K., Gutman, D. A., Zeh, T. R., Pagnoni, G., Berns, G. S., & Kilts, C. D. (2002). A neural basis for social cooperation. *Neuron,* 35, 395-405.

Ross, J. G., & Pate, R. R. (1987). The national children and youth fitness study II: *A summary of findings. Journal of Physical Education, Recreation and Dance, 58,* 51-56.

Schmidt, S. R. (1994). Effects of humor on sentence memory: *Journal of Experimental Psychology, 20*(4), 953-967.

Shammi, P., & Stuss, D. T. (1999). Humour appreciation: A role of the right frontal lobe. *Brain, 122*(4), 657-666.

Shannahoff-Khalsa, D. S., Boyle, M. R., & Buebel, M. E. (1991). The effects of unilateral forced nostril breathing on cognition. *International Journal of Neuroscience, 57*(3/4), 239-249.

Shephard, R. J. (1997). Curricular physical activity and academic performance.

Pediatric Exercise Science, 9, 113-126.

Shephard, R. J., Volle, M., Lavalee, M., LaBarre, R., Jequier, J. C., & Rajic, M. (1984). Required physical activity and academic grades: A controlled longitudinal study. In J. Limarinen & Ⅰ. Valimaki (Eds.), Children and sport (pp. 58-63). Berlin: Springer-Verlag.

Simons-Morton, B. G., Crump, A. D., Haynie, D. L., & Saylor, K. E. (1999). Student-school bonding and adolescent problem behavior. *Health, 14*(1), 99-107.

Slavin, R. (1987, March) Cooperative learning: Can students help students learn? Instructor, pp. 74-78.

Small, R. V., & Arnone, M. P. (2000). Turning kids on to research: *The power of motivation.* Englewood, CO: Libraries Unlimited. (ERIC Document Reproduction Service NO. ED439689)

Smits-Engelsman, B. C. M., Swinnen, S. P., & Duysens, J. (2004). Are graphomotor tasks affected by working in the contralateral hemispace in 6- to 10-year-old children? *Journal of Motor Control, 8*(4), 521-533.

Smits-Engelsman, B. C. M., Van Galen, G. P., & Michelis, C. G. J. (1995). Prevalence of poor handwriting and the validity of estimation of motor proficiency and handwriting performance by teachers. *Tijdschrift voor Onderwijsresearch,* 20, 1-15.

Sousa, D. (2001). How the brain learns (2nded.). Reston, VA: National Association of Secondary School Principals.

Sowell, E.R., Thompson, P.M., Holmes, C. J. Jernigan, T. L., & Toga, A. W. (1999). In-vivo evidence for post-adolescent brain maturation in frontal and striatal regions. *Neuroscience,* 2, 859-861.

Stahl, R. J. (1990) *Using think-time behaviors to promote students' information processing, learning, and on task participation: An instructional module.* Tempe: Arizona State University. (ERIC Documentation Reproduction Service No. ED370885)

Sturm, Brian. (1999, July). The enchanted imagination: Storytelling's power to entrance listeners. *School Library Media Research,* 3. Available from http://www.ala.org/aasl/SLMR/slmr toc.html.

Sylvester, P. S. (1994). Elementary school surricula and urban transformation. *Harvard Educational Review, 64*(3), 309-331.

Symons, C. W., Cinelli, B., James, T. C., & Groff, P. (1997). Bridging student health risks and academic achievement through comprehensive school health programs. *Journal of School Health, 67*(6), 220-227.

Thompson, R. F., & Kim, J. J. (1981) Memory systems in the brain and localization of a memory. *Proceedings of the National Academy of Science, 93*, 13438-13444.

Tims, F., Clair, A. A., Cohen, D., Eisdorder, C., Koga, M., Kumar, A., et al. (1999, April). Paper presented at music Medicine: Enhancing Health Through Music, Miami, FL.

Tithof, W. (1998) Lighting spectrum effects on mood and vision in *elementary school vision*. Stamford, CT: Verilux.

Tom, G., Poole, M. F., Galla, J., & Berrier, J. (1981). The influence of negative air ions on human performance and mood. *Human Factors, 23*(5), 633-636.

Tulving, E., Mark owitsch, H. J., Craik, F. I. M., Habib, R., & Houle, S. (1996) Novelty and familiarity activations in PET studies of memory encoding and retrieval. *Cerebral Cortex*, 6, 71-79.

Turner, J. C., Midgley, C., Meyer, D. K., Gheen, M., Anderman, E. M., Kang, Y., & Patrick, H. (2002) The classroom environment and students' reports od avoidance strategies in mathmatics: A multimethod study. *Journal of Educational Psychology*, 94(1), 88-106.

Vance, C. M. (1987). A comparative study on the use of humor in the design of instruction. *Instructional Science, 16*(1), 79-100.

van Driel, K. S., & Talling, J. C. (2005). Familiarity increases consistency in animal tests, J. C. *Behavioral Brain Research*, 159(2), 243-245.

Van Praag, H., Christie, B. R., Sejnoeski, T. J., & Gage, F. H. (1999). Running Enhances neurogenesis, learning and long-term potentiation in mice. Proceedings of the *National Academy of Science*, 96, 13427-13431.

Van Praag, H., Kempermann, G., & Gage, F. H. (1999). Runnung increases cell proliferation and neurogenesis in the adult mouse dentate gyrus. *Natural Neuroseience, 2*, 266-270.

Wanzer, M. B., & Frymier, A. B. (1999). The relationship between student perseptions of instructor humor and students' reports of learning. *Communication Education, 48*(1), 48-62.

Weitzberg, E., & Lundberg, J. O. N. (2002). Humming greatly increases nasal nitric oxide. *American Journal of Respiratory and Critical Care Medicine*, 166, 144-145.

Woodcock, E. A., & Richardson, R. (2000). Effects of environmental enrichment on rate of contextual processing and discriminative ability in adult rats. *Neurobiology of Learning and Memory, 73*, 1-10.

제리 에반스키(Jerry Evanski)

제리 에반스키 박사는 유치원생부터 고등학생까지 전 학년을 지도한 경험을 지닌 교사이자 교육행정가로, 다수의 책을 저술한 저자이며 강연자이다. 미국 미시간주립대학교(Michigan State University)에서 음악을 전공했고 음악교육학으로 석사학위를 받았으며, 미시간 주의 디트로이트에 있는 웨인주립대학교(Wayne State University)에서 특수교육 및 학교행정으로 박사학위를 받았다.

에반스키 박사는 지난 20여 년간 미국훈육협회(Discipline Associates)와 교사교육센터(Teacher Learning Center)가 미국 안팎에서 개최하는 다양한 교사워크숍을 맡아 진행해왔다. 박사는 미국 미시간 주 로체스터에 위치한 오클랜드대학교(Oakland University)에 뇌기반교육 자격과정을 개설하여 강의하고 있는데, 이 프로그램을 고안하면서 개발한 영상자료로 훌륭한 영화나 비디오 등의 영상물에 수여하는 텔리상(Telly Awards)을 두 차례나 수상한 바 있다. 또한 에반스키 박사는 '가속학습프로그램'(accelerated learning program)으로 국제적인 명성을 지닌 '슈퍼캠프(Super Camp)'의 전문 강사이기도 하다.

지금도 에반스키 박사는 학습에 부정적인 영향을 미치는 시청각 및 물리적 방해요소들을 파악하고 이를 제거하거나 완화시키는 방법에 대해 열정적으로 연구하고 있다.

수업달인들이 사용하는
수업몰입활동121

2018년 4월 6일 전면개정 초판 1쇄
2020년 1월 7일 전면개정 초판 2쇄

지은이 제리 에반스키
옮긴이 교육을바꾸는사람들

펴낸이 이찬승
펴낸곳 교육을바꾸는사람들

출판등록 2012년 4월 10일 | 제313-2012-114호
주소 서울시 마포구 동교로 18길 20 자운빌딩 3층
홈페이지 http://21erick.org
이메일 gyobasa@21erick.org
포스트 post.naver.com/gyobasa_edu

내용문의 02-320-3645
구입문의 02-320-3634
전화 02-320-3641
팩스 02-320-3609

ISBN 978-89-966971-5-2 13370

〈한국뇌기반교육연구소〉는 〈교육을바꾸는사람들〉의 출판 브랜드입니다.

이 도서의 국립중앙도서관 출판시도서목록(CIP)은 서지정보유통지원시스템 홈페이지(http://seoji.nl.go.kr)와
국가자료공동목록시스템(http://www.nl.go.kr/kolisnet)에서 이용하실 수 있습니다.
(CIP제어번호: CIP2018009264)